나는야 뽀빠이 공무원

나는야 뽀빠이 공무원

강평석 지음

가림출판사

추천의 글

완주군 구이면 안덕마을에서 강평석 팀장님을 다시 만났을 때가 문득 기억납니다.

강 팀장님은 제게 "손가락이 몇 개이십니까?"라고 물으시더군요. 그때 저는 "열 개이지요"라고 답했습니다.
그러자 강 팀장님은 "저는 손가락이 백 개입니다"라고 하시더군요.
"아니, 어떻게 백 개나 됩니까?"라고 다시 물었습니다.

"완주군에서 공동체 사업을 추진하는 마을이 백 개 정도 됩니다. 스스로 알아서 잘하는 곳도 있지만 속을 썩이는 마을도 있고, 저를 힘들게 하는 마을도 있습니다. 하지만 '열 손가락 깨물어 안 아픈 손가락 없다'라는 옛말처럼 제게는 모두 소중한 마을입니다. 어찌 소홀히 하겠습니까? 저는 그런 마음으로 공동체 사업을 추진하고 있습니다" 라는 강 팀장님 답변이 아직도 마음에 남아 있습니다.

2009년, 희망제작소에서 강 팀장님을 처음 만났습니다.

공무원이 시민단체에 파견 오는 사례는 거의 없습니다. 강 팀장님은 새로운 변화에 도전하신 겁니다. 완주에서 서울까지의 변화를 받아들이셨고, 시민단체 안에서 역할을 잘해주셨습니다. 희망제작소의 다양한 강좌프로그램에 빠짐없이 참석하셨고, 희망제작소 부서를 차례대

로 두루 경험하셨으며, 희망제작소에 오가는 수많은 사람들을 만나고 교류하셨습니다. 뿐만 아니라 적극적으로 사람들을 인터뷰하고 기록하셨습니다. 혼자만 공부하신 게 아니라 그 모든 기록을 완주군 직원들과 공유하셨습니다.

그래서 저는 책을 써보라는 권유를 드렸습니다.

지방자치단체에서 쌓은 경험과 지식, 시민단체에서 쌓은 시각과 노하우가 담긴 기록은 모두에게 큰 도움이 될 거라고 확신했습니다. 그래서 오늘 이 결과물을 마주하니 참으로 기분이 좋습니다. 책 안에서 완주군 농촌 활력 추진 사례를 중심으로 지역 주민들의 현장 모습들이 생생하게 살아 움직이고 있습니다.

완주군청 공무원들이 이런 마음으로 일하니 완주군이 '농촌 활력의 수도, 로컬푸드 1번지로 불리는구나!'라는 생각이 들었습니다. 완주가 이룬 성과는 하루아침에 만들어진 것이 아닙니다. 이 책에서 밖으로 드러난 놀라운 성과뿐 아니라, 그 속에 자리 잡고 있는 공동체 정신과 지역 발전을 향한 가치와 철학을 찾을 수 있을 것입니다.

서울특별시 시장 **박원순**

프롤로그

저는 쉬운 4살 뽀빠이 공무원입니다.

쉬운 4살,
네! 맞습니다. 제 나이 쉰넷입니다.

나이는 오십이 넘었지만 네 살 아이의 천진난만한 마음으로 세상을 살고 있습니다.

그래서 그런가요? 지금 제 앞에 놓인 필기도구들, 한 발짝 한 발짝 딛고 올라가는 계단, 화장실 들어갈 때 켜지는 전등, 또 뒷산에서 지저귀는 새들의 대화소리 모두 저에게는 호기심 꾸러미입니다. 그래서 저는 뽀빠이 공무원입니다.

왜 뽀빠이 공무원이냐구요?
이제부터 그 이야기를 들려 드리려고 합니다.

책장을 한 장 두 장 차근차근 넘기면서 읽다 보면 금방 그 까닭을 알게 되실 겁니다.

　뽀빠이 공무원을 만들어 주신 임정엽, 박성일 두 분 군수님께 먼저 감사드립니다. 임정엽 군수님(민선 4기~5기)은 뜻을 세우고 실천하셨고, 박성일 군수님(민선 6기)은 계승·발전시켜 주셨습니다.

　그리고 리더스클럽 유길문 회장님과 이은정·오경미 두 분 작가님, 매주 일요일 저녁이면 어김없이 만나 함께 글쓰기를 했던 열두 명의 시너지 글쓰기 코칭 1기 동료들 모두 제게 큰 힘을 주었습니다. 뽀빠이 공무원이라는 깜찍한 별명을 지어준 임동창 풍류학교 한지윤 님께도 감사드립니다.

　잘 다니던 직장을 때려치우고 공무원이 되겠다고 했을 때 두말없이 동의해 주었고 묵묵히 지켜봐 준 사랑하는 아내와 두 아이들(세영이와 누리)에게 감사의 마음을 전합니다. 끝으로 항상 기도와 변함없는 응원을 해 주시는 사랑하는 나의 어머님에게도 감사드립니다.

　　P. S. : 구만 오천 완주군민과 쑥스럽지만 《나는야 뽀빠이 공무원》을 재미있게 읽게 될 모든 분들에게 이 책을 선물합니다. 놀이터 완주군에서 함께 놀아보시지요!

뽀빠이 공무원 강평석

Contents
차 례

추천의 글 ● 8
프롤로그 ● 10

제1장 뽀빠이 공무원이 된 사연

1. 잘 나가는 직장을 때려치우다 ● 18
2. 뽀빠이 공무원 감옥에서 탈출하다 ● 24
3. 여보쇼! 시민단체 파견 가는 공무원 보셨소? ● 29
4. 두드림을 통해 알게 된 깨달음 ● 33
5. 뽀빠이 공무원의 주경야독 ● 36

제2장 뽀빠이 공무원의 놀이터는 완주군

1. 놀이터에 놀이기구들이 어마어마하다 ● 42
2. 도계마을을 구하러 온 배트맨과 한바탕 신나게 놀다 ● 48
3. 뽀빠이 공무원 놀이터에 놀러온 주식회사 장성군 ● 54
4. 청양군에서 완주군으로 공무원 파견, Why? ● 59
5. 견학코스 1순위 놀이터 Name is 완주군 ● 63

제3장 뽀빠이 공무원 미션, 농업 · 농촌 활성화 프로젝트

1. 미션 1 생각과 발상을 전환하라! ● 70
2. 미션 2 A와 B를 연결하는 교집합을 만들어라! ● 75
3. 미션 3 완주군만의 지리서를 만들어라! ● 80

4. 미션 4 약속 프로젝트

　　　농업·농촌 중장기 전략을 사수하라! ● 84

5. 미션 5 전국 최초

　　　최고의 농촌활력과를 탄생시켜라! ● 87

6. 미션 6 체계적으로 농업·농촌 정책을 추진하라! ● 91

 **제4장** 대한민국 농촌 활력 수도, 로컬푸드 1번지 완주

1. 주민이 주인인 공동체 회사

　　안덕 파워빌리지, 마더쿠키 ● 102

2. 농촌 노인에게 건강과 소득·일자리를 제공하는

　　두레농장 ● 109

3. 가공으로 농산물 가치를 배가시키는

　　로컬푸드 거점가공센터 ● 114

4. 생산자와 소비자가 직거래를 통해 상생하는 곳

　　완주군 로컬푸드 직매장 ● 120

5. 어릴 적 먹던 집밥 같은

　　건강한 로컬푸드 음식으로 가득한 농가레스토랑 ● 127

6. 잡상인이 없는 완주군 슬로푸드 대표 축제

　　완주 와일드푸드 축제 ● 133

Contents

제5장 뽀빠이 공무원을 돕는 지역 일꾼들

1. 로컬푸드 현장 총감독
   이중진 상무와 안대성 이사장 • 142
2. 리더란 모름지기 마음가짐이 중요하다
   도계마을 이일구 위원장 • 148
3. 예쁜 단호박 아줌마 정선진 대표 • 155
4. 마을 살림꾼이 선녀와 나무꾼으로 환생한
   이용규 완두콩 대표 · 최현주 사무장 • 161
5. 농촌 마을 체험과 소규모 테마 여행을 도와주는
   41명 농촌체험지도사 • 167
6. 완주 여행, 콕콕 집어서 알려주는
   (사)마을통 임채군 단장 • 173

제6장 뽀빠이 공무원 제대로 필받다

1. 청와대에 불려가서 완주군 사례발표를 하다 • 184
2. 주민에게 도움 주는 원칙을 정하고 함께 실천하다 • 191
3. 넌 PPT, 난 프레지랑께! • 196
4. 휴먼 라이브러리에서 사람책이 되다 • 202
5. 향부숙에서 배우고 지역 현장을 찾아가다 • 209
6. 대한민국 최고 공무원을 꿈꾼다 • 216

Contents

 **제7장 완주군에 기적 같은 일이 생기다**

1. 월급쟁이 농부 통장에 숫자 찍히는 재미로 산다 • 228
2. 우리 마을 미래는 우리가 함께 책임진다 • 233
3. 완주 따라쟁이들 모여라 모여!
   완주 땅 밟으면 모두가 완주 사람 • 239
4. 최고의 귀농·귀촌지는 어디인가? • 245
5. 여보게, 농촌에서 춤추기로 1등 해보았나? • 251
6. 내 사랑 완주, 나는 지금 완주아리랑을 부르고 있다 • 258

부 록 완주군 농촌 활력 정책의 핵심인
마을 공동체, 로컬푸드, 귀농·귀촌 정책
1. 완주型 마을 공동체 회사, 지역 공동체 회사 • 266
2. 식(食)과 농(農)의 거리를 좁히는 완주 로컬푸드 • 269
3. 행복한 삶을 위한 새로운 시작,
   귀농·귀촌은 완주로 • 272
4. 완주 공동체지원센터, 완주 마을여행사업단
   (사)마을통 • 275

에필로그 • 276

나는야 뽀빠이 공무원

제 1 장

뽀빠이
공무원이 된 사연

◆

1. 잘 나가는 직장을 때려치우다
2. 뽀빠이 공무원 감옥에서 탈출하다
3. 여보쇼! 시민단체 파견 나가는 공무원 보셨소?
4. 두드림을 통해 알게 된 깨달음
5. 뽀빠이 공무원의 주경야독

01
잘 나가는 직장을 때려치우다

"아니! 그 좋은 직장을 왜 그만두셨어요?" 귀가 따갑게 들었던 소리다.

지방대학교 졸업반이었던 내게 증권회사는 꿈의 직장이었다. 초임 연봉은 4천만 원이 넘었고, 정기상여금도 1,000%는 기본이었고, 특별상여금도 별도로 있었다. 월급이 빵빵했고, 우리사주를 통해 재산도 증식할 수 있었다.

1988년 12월 5일 증권회사에 입사했고 전주지점으로 발령받았다. 그 당시 전주에는 증권회사가 세 곳 밖에 없었다. 주식시장은 장기 호황국면이었고 사기만 하면 오르는 시기였다. 증권회사 객장은 밀려드는 고객들로 발 디딜 틈이 없었다.
1989년 3월 1,000포인트를 잠시 돌파했지만 그 이후로 1년 6개월 동안 주가는 곤두박질쳤고, 500포인트까지 떨어졌다. 더군다나 세 개밖에 없던 전주지역 증권회사는 20개 이상으로 늘어났다. 살아남기 위한 치열한 생존경쟁이 시작되었다.

증권회사는 수입의 상당부분을 위탁수수료에 의지한다. 사고파는 사람이 많아야 증권회사 수익이 좋아지는 구조다. 주식이 올라갈 때는 사고파는 사람이 많아서 수익에 큰 문제가 없지만 주식이 떨어지면 수익이 급감했다. 무리한 영업으로 지인과 친척들로부터 원성을 듣는 것이 직장 선배들만의 일이 아니었다. 영업 스트레스가 극심했고 고객과의 분쟁이 속출했다. 인간관계는 시작보다 끝이 좋아야 하는데 끝이 나쁜 경우가 허다했다. 평생직장에 대한 회의가 들었고, 갈등과 번민이 시작되었다. 사표를 가슴에 품고 다녔다.

직장 1년차, 사직을 결심했지만 결혼 날짜가 잡혔고, 직장을 계속 다녀야만 했다. 직장 3년차, 두 번째 사직을 결심할 즈음 아들 녀석이 세상에 태어났다. 분윳값이라도 벌어야 했고 두 번째 사직 결심도 접을 수밖에 없었다.

1993년 10월 10일 전북 부안군 위도 서해 페리호 사건이 터졌다. 위도 인근 해상에서 침몰한 '서해 페리호'에 타고 있던 승객 292명이 숨진 사건이다. 같은 증권회사 청주지점에 근무하던 이 차장은 낚시를 엄청 좋아했다. 불행하게도 서해 페리호에 탑승하고 있다가 사망했다. 그래서 대전지점 김 대리가 청주지점으로 발령이 났고, 대선시섬 김 대리가 떠난 빈자리로 내가 발령이 났다.

본사 인사부장은 "정말 미안하다. 갑작스런 사고로 인한 인사발령이니 이해하고, 6개월만 열심히 일하면 최우선적으로 고향지점으로 복귀시켜 주겠다"고 약속했다. 대전에서 하숙생활을 하면서 10개월 동안 열심히 일했다. 10개월이 지나고 인사부장이 대전지점을 방문했을 때, "저, 전주지점으로 보내주세요"라고 했다가 된통 혼이 났다. "이 사람 봐라! 대전지점으로 발령이 났으면 대전으로 이사하고 정착할 생각을 해야지. 고향집에 갈 생각만 하고, 정신 못 차렸구먼!" '아니! 이럴 수가, 참으로 어이가 없었다.' 그리고 야속했다. "내가 약속은 했지만 그게 어디 인사부장 내 맘대로 되나? 자네가 좀 이해하고 여기 대전지점에서 정 좀 붙여 봐"라고 설득했다면 상황이 달라졌을지도 모른다.

1994년 9월 10일 사표를 냈고 그렇게 나의 5년 10개월간의 증권회사 근무는 종지부를 찍었다.

증권회사를 그만두고 공무원 시험 준비를 했다. 그런데 연령제한이 문제였다. 그때 9급은 30세, 7급은 35세였다. 그 당시 나이가 33세였으니 7급에 도전할 수밖에 없었는데, 7급 공무원 시험은 경쟁도 치열했다. 시험 과목은 모두 7과목으로 국어, 국사, 영어, 헌법, 행정법, 경제학, 회계학, 어느 과목 하나 만만하지 않았다. 특히 행정법이 취약했다. 경영학을 전공해서 그런지 법적 마인드가 없는 것이 문제였다. '할 수 있다'와 '해야 한다'는 엄청난 차이가 있다. 하지만 내가 보면 그게 그거 같았다. 본문을 아무리 열심히 읽어도 문제풀이를 하면 70% 이상을 틀렸다. 벽에다 행정법 책을 열 번 이상 집어 던졌다. 그렇다고 행정법에만 전력투구할 수도 없어 답답했다.

그때 내가 살았던 곳은 아파트 102동 7층이었고, 아들(그때 나이 3살) 놀이방은 101동 1층에 있었다. 아들 녀석을 아침에 깨워서 놀이방에 데려다 주어야 하는데, 중간에 놀이터를 지나가야만 했다. "아빠! 나 10분만" 10분이 30분을 넘기고, 1시간을 넘기는 경우가 허다했다. 빨리 학원가서 수업을 받아야 하는데, 하는 수 없이 아들을 들쳐 메고 놀이방으로 돌진했다. 그럴 때마다 아들 녀석은 악을 쓰면서 울어댔다. 그렇게 한바탕 전쟁을 치르고 학원에 가면 한참동안 수업에 집중할 수가 없었다. 아들 녀석 울음소리가 귓전에서 맴돌았기 때문이다. 이렇게 시험 준비를 해서는 도무지 합격할 자신이 없었다. 나이도 많았고 기억력도 떨어졌고, 준비기간도 짧았다. 무엇 하나 경쟁력 있는 것이 없었다.

환경을 바꿔야 했다. 부랴부랴 짐을 챙겨 서울 노량진 고시학원으로 향했다. 그리고 고시원 인근에 방을 얻었다. 오전, 오후 고시학원에서 수업을 받았고, 나머지 시간은 수업 받은 것을 복습하면서 시험 준비에만 전념했다. 밥 먹고 잠자는 시간 빼고는 오로지 공부에만 집중했다. 그렇게 내게 허용된 1평 남짓 독서실에서 4개월을 버텼다. 1996년도 지방직 7급 세무직 공무원 선발 시험, 5명을 선발하는데 응시인원은 500명, 100대 1이었다. 그야말로 낙타가 바늘구멍으로 들어가야 할 만큼 어려운 난관이었다.

공무원 시험 합격자 발표가 있는 날, 아내에게 "잠시 외출하고 오겠다"며 집을 나섰다.

합격자는 구 전북도청 후문 고시계 앞에 있는 게시판에 붙어 있었다. 인근에 구 전주우체국이 있었고 가족회관이 있었다. 가족회관에서 구 도청까지의 거리는 불과 20미터, 걸어서 1~2분 거리였다. 한 걸음 떼었다가 두 걸음 물러서고, 두 걸음 떼었다가 세 걸음을 물러섰다. 게시판에 바로 다가갈 수가 없었다. 구 도청 바로 앞에 미니슈퍼가 있었다. 하는 수 없이 슈퍼 자판기에서 커피 한 잔을 뽑아 마시면서 담배에 불을 붙였다. 재떨이에는 담배가 수북하게 쌓여갔고, 테이블에는 커피를 마신 종이컵이 늘어갔다. 그렇게 초조한 두 시간이 흘러갔다.

그렇게 자신과의 싸움을 마무리하고, 어렵사리 구 도청 후문을 넘어서서 게시판으로 다가갔다. 심호흡을 크게 한 번 하고 게시판을 쳐다보았다. 하지만 아무것도 보이지 않았다. 하얀 백지만 보일 뿐이었다.

'쿵쾅 쿵쾅, 쿵쾅 쿵쾅', 강한 심장 박동 소리만이 귓전에 메아리

쳤다.

그렇게 자리에 서서 게시판만 응시하고 있었다. 10여 분이 지나자 조금씩 윤곽이 드러났고 글씨가 눈에 들어왔다.

그리고 합격자 명단 한 가운데 친숙한 이름이 있었다.

수험번호 ○○번 강평석.

내 이름이 저기에 있다니,
내가 100대 1을 뚫고 합격하다니, 가슴이 벅차올랐다.

세상을 다 얻은 것 같았다.
그리고 세상을 향해 외쳤다.
"여기 봐라! 여기에 내 이름이 있다."

그렇게 파란만장한 공무원 생활은 시작되었다.

02
뽀빠이 공무원
감옥에서 탈출하다

첫 발령지는 완주군청 세무과였다. 하지만 모든 것이 서툴렀다. 직원들과 잘 어울리지도 못했고, 상명하복의 딱딱한 조직 분위기 속에서 마음을 털어놓고 하소연할 동료도 없었다. 직속계장은 군청에서도 알아주는 호랑이 상관이었다. 주기적으로 필요한 서류를 찾았지만 이상하게 찾는 서류는 없었고, 그때마다 호통이 뒤따랐다. 혼내서 군기를 잡는 엄한 리더십의 표본이었다. 그때는 그런 리더들이 대세였던 것 같다.

서울에서 삼성생명에 다니는 대학친구가 있었다. 내가 공무원 시험에 합격했다는 소식을 듣고 휴가를 내서 전주에 내려왔다. 서울에서 내려오는 시간을 감안해 저녁 8시로 약속 시간을 정했다. 하지만 그날따라 과장도, 계장들도 퇴근할 생각을 하지 않았다. 다음날 중요한 업무보고가 있어서였다. 약속 시간은 다가오고 하는 수 없이 눈치를 보면서 과장에게 다가가서 자초지종을 얘기했고, 퇴근해도 되는지 물어보았다.

"과장님! 서울에서 직장 다니는 친구가 저를 만나러 일부러 내려온다고 합니다. 먼저 퇴근해도 되겠습니까?"

과장은 내 얼굴을 한번 쳐다볼 뿐 선뜻 허락을 하지 않았다. 그때 다른 계장이 옆으로 와서 과장 대신 질책의 말을 했다.

"과장님! 제가 공무원 생활 20년 넘게 했는데, 과장님이 퇴근하지도 않았는데 먼저 퇴근한다고 하는 부하직원은 처음 봤습니다."

숨이 턱하니 막혔다. 그리고 제자리로 되돌아왔고, 고민 끝에 친구에게 전화를 했다.

"친구야! 갑자기 비상이 걸려서 오늘 약속은 못 지킬 것 같다. 진짜로 미안하다."

그렇게 친구는 서울로 돌아갔고, 나는 자리에 멍하니 앉아 있었다.

9시가 넘어서야 과장이 퇴근을 했고, 계장들도 줄줄이 퇴근을 했다. 과장이 퇴근을 안했다고 부하직원들은 약속이 있든 말든 줄줄이 대기해야 하는 게 이해가 되지 않았다. 과장 말고는 다른 직원들은 딱히 급한 일도 없었다. 부하직원이 이런저런 사정이 있으면 중간에서 역할을 해주는 게 중간관리자가 아닐까? 꼭 그렇게 면박과 질책의 말을 쏟아내는 게 맞는 것인지, 이건 사무실이 아니라 창살 없는 감옥 같았다.

대부분 지방자치단체의 경우 직렬별로 근무부서가 정해지고 업무가 결정된다. 완주군도 마찬가지였다. 지방 세무직 공무원으로 임용되었으니 당연히 세무과와 재정관리과에서 근무를 했고, 그렇게 10년 동안 지방세 업무를 추진했다. 지방세 업무는 조세법정주의에 입각한 정형화된 업무다. 3년 정도면 업무숙지가 가능했다. 7년간은 지방세를 과세하고 체납세를 정리하는 일과의 반복이었다.

더구나 6급 승진에서 세 번이나 미끄러졌다. 업무도 재미없었는데 승진에서도 미끄러지고, 슬럼프가 찾아왔다. 지독한 슬럼프였다. 벗어나고 싶었다. 전북도청 전입도 시도했고, 행정자치부 전입시험도 봤다. 그러나 모두 실패했다. 이제 읍면으로 내려가는 것 말고는 갈 곳이 없었다. 그럴수록 '법'과 '예산'을 방패막이 삼았고, 매너리즘에 슬럼프가 더해졌다. <u>내가 먼저 변화하고 바꾸어야 하는데, 나를 알아주지 않는 조직 구조만을 탓했다. 완전히 우물 안 개구리였다.</u> 틀에 박힌 생활 속에서 시간만 채워나가는 감옥 속에 갇혀 지내는 시간이었다. 더 이상 탈출구는 보이지 않았다.

다행스럽게도 완주군에 변화의 바람이 불어 왔다. 민선 4기(2006년~2010년)가 시작되면서 직렬보다는 능력을 존중하는 인사를 실행했다. 마지막 기회였고, 타 부서 근무를 요청했다.

'줄탁동시(啐啄同時)'라는 말이 있다. 닭이 알을 깔 때에 알속의 병아리가 껍질을 깨뜨리고 나오기 위해서는 두 가지 행위가 동시

주민들과 함께 할 때 희한하게도 마음이 편안하다(도계마을, 상호마을 주민들과 함께).

에 이루어질 때 가능하다. 병아리가 안에서 껍질을 쪼아야(줄) 하며, 동시에 어미 닭이 밖에서 껍질을 쪼아줘야(탁) 한다는 것이다.

2007년 1월 25일 민원봉사과 토지관리담당으로 직위승진을 했고 근무지가 바뀌었다. 그리고 2008년 1월 비전21정책단 정책개발담당으로 승진했다. 내게 주어진 마지막 기회라고 생각하니 분발하고 또 분발할 수밖에 없었다. 스스로 변화하려고 노력했다. 직원과 동료들에게 마음을 열고 다가갔다. 그렇게 지낸 세월이 어느덧 10년이 되어간다. 같은 10년의 시간이었지만 마음가짐이 완전히 다른 10년이었다.

"저 친구, 세무부서에서 근무하던 강 주사 맞아?" 이런 이야기들도 곧장 들려왔다. 그렇게 '줄'과 '탁'이 함께 어우러져서 공무원 강 주사는 강 팀장으로 거듭났고, 2015년 11월 강 과장으로 승진하였다.

민원봉사과 토지관리담당, 비전21정책단 정책개발담당·평생학습담당, 희망제작소 파견근무, 지역경제과 민생경제담당, 농촌활력과 마을회사육성담당, 농업농촌정책과 농정일자리팀장, 시설공원사업소장, 농업농촌식품과장에 이르기까지 쉼 없이 달려왔다.

특히 1년간의 희망제작소 파견근무(2009년 1월 13일~2010년 1월 12일)는 공직생활에 있어 터닝 포인트가 되었다. 나태했던 자신을 뒤돌아보며 반성할 수 있었고, 발상을 전환하고 행동으로 이어지는 계기가 되었다.

03
여보쇼!
시민단체 파견 가는
공무원 보셨소?

2008년 12월 "강 계장! 희망제작소 파견 다녀와야겠어"라는 말을 처음 들었을 때, 두려운 마음이 가득했다.

'희망제작소The Hope Institute'는 시민들의 아이디어, 제안과 후원, 활동참여로 열린 연구와 실천을 지향하는 민간연구소다.

지방자치단체에서 시민단체인 희망제작소로 파견 보낸 사례는 전무했다. 완주군이 2008년 전국 최초로 시도했고, 나는 두 번째 파견 공무원이 되었다. 처음에는 '그래 1년간 푹 쉬고 그동안 하고 싶었던 것이나 실컷 하자', '자유'를 만끽하려고 했다. 하지만 그런 마음은 오래 가지 못했다. 희망제작소를 방문했던 수많은 사람들이 "어디에서 오셨어요? 공무원을 시민단체에 파견 보내다니 완주군, 참 대단한 지자체네요. 열심히 근무하셔야겠어요"라는 당부를 남겼는데, 천근만근의 무게로 다가왔다. 그래 '나는 혼자가 아니다. 700여 명의 완주군청 공무원이 같이 근무하고 있으며, 8만 6천여 명의 완주군민이 함께 있다'는 생각이 들었다. '자유'는 '책임감'으로 바뀌었다.

희망제작소 연구원들은 자유스럽게 근무하면서도 책임감이 엄청 강했다. 출퇴근이 자유로웠지만 개별, 팀별 프로젝트를 정해진 시간 내에 마무리 하려니 야근이 많았다. 시골에서 올라온 공무원을 배려할 여유가 없었다. 점심시간이 제일 당황스러웠다. 연구원들끼리, 각 팀별로 몰려나가니 혼자일 때가 많았다. 연구원들과도 친해지고 점심도 해결할 방법을 찾아야 했다. "오늘 점심 저랑 함께 하시죠?", "다음 주 수요일 점심은 저랑 하시는 겁니다." 그렇게 희망제작소 거의 모든 연구원들과 돌아가면서 점심식사를 했다. 식사를 함께 하니 빨리 친해졌다. 그리고 팀 일원이 되어 근무를 함께 했다. 희망아카데미팀, 기후환경팀, 해피시니어팀, 사회혁신팀, 후원재정팀을 몇 달씩 돌아가면서 근무를 했다.

희망제작소에서 열렸던 다양한 강연에 빠짐없이 참여했다. 유지나, 서명숙(제주 올레 이사장), 최재천, 정세현, 윤여준, 안철수, 장하성, 김종인, 이한구, 심상정, 박원순, 신영복, 도법스님의 강의를 들었다. '캐슬린 스티븐스' 주한 미국 대사 초청 강연, '청융화(程永華)' 주한 중국 대사 초청 강연도 들었다. 농업희망찾기, 공공건축 분야, 기후환경 분야는 시리즈로 강연을 들었다. 주한 영국 대사관저 구경도 할 수 있었다. 완주군에서만 근무했다면 꿈도 꾸지 못할 일이었다.

주한 영국 대사관저, 2009년 희망제작소 Hope Makers Club 회원들과 방문했다.
〈자료〉희망제작소

'완주싸나이'

희망제작소에서 주관했던 리더양성 발굴프로그램인 '소셜 디자이너스쿨', 퇴직자와 퇴직예정자를 위한 교육프로그램인 '행복설계아카데미' 과정에 내가 교육생으로 참여했을 당시 두 기수 동기생들이 나에게 붙여주었던 별명이다.

'박수쳐, 여름산, 투캅스, 몽실, 영맨, 왕언니, 꽃달림, 왕선비, 뜬금아씨, 꼬마신랑, 완주싸나이'라며 지금도 각자의 별명을 부르고 있다.

이밖에도 참 많은 곳을 다녀왔다. 서울 국제기후환경세미나(국회헌정회관), 서울기후변화박람회와 서울환경영화제, 북극의 눈물 사진전, 경기도 남양주시·화성시·안양시, 경북 칠곡군, 서울 북촌과 남이섬, 전북 진안군 마을 만들기 현장, 서울 마포구 성미산 마을에도 다녀왔다. 특히 충남 홍성군 문당리 친환경 농업 마을은 100년 미래계획을 가지고 있었다. 작은 농촌 마을이 한 세기의 청사진을 가지고 있다는 것은 놀라움으로 다가왔다. 마을 만들기는 멀리 내다보고 해야됨을 직접 눈으로 확인할 수 있었다. 문화를 파는 전통시장인 수원 못골시장, 충남 태안군 천리포수목원, 충주 술 박물관 등 많은 곳을 다니면서 보고 배웠다.

나는 모든 경험과 자료들을 완주군청 공무원뿐만 아니라 내가 알고 있는 많은 사람들과 나누고 공유했다. 그 당시 직접 보고 뛰고 듣고 했던 모든 현장 경험들은 지금의 완주군청 농업농촌식품과장이 된 내가 많은 후배들을 이끄는데 소중한 밑거름이 되고 있다.

04
두드림을 통해
알게 된 깨달음

2015년 4월 일찌감치 점심식사를 하고 돌아오니 '전화요망, 보건소 손성숙 팀장'이라는 메모가 컴퓨터 모니터에 붙어 있었다. 부랴부랴 연락을 했더니 불쑥 만나자고 한다.

손 팀장 "오늘 시간되아요?"
강 팀장 "오늘 언제요."
손 팀장 "오늘 저녁에 시간 되냐고요?"
강 팀장 "왜요? 무슨 일 있으세요?"
손 팀장 "어제 집에서 연습했는디, 뒷부분이 잘 기억이 안 난당게. 연습 함께 합시다."
강 팀장 "오늘 저녁 상갓집에 가야는디, 우쩐다요?"
손 팀장 "난 지금 당장 급항게, 그럼 전화로 좀 설명해 보쇼잉."

지금 당장 전화로 설명하라니 좀 거시기하다. 하는 수 없이 전화로 난타악보를 설명했다.

'따그다그다그다그 다그다그다그다그' 8번

'다그다그다그다그 다그다그다그다그' 4번

'따그다그다그다그 다그다그다그다그' 4번

'따그다그다그다그' 4번

'따그다그' 4번

'따그따그따그' 8번

'따그드따그드 따그 다그다그다그다그' 4번(이하 생략)

(이 글을 읽고 계시는 독자 여러분! 이게 무슨 장단인지 아시겄소?)

손 팀장 "말 나온 김에 연습함 합시다. 오늘은 안 된다니 내일은 어떻소?"
강 팀장 "내일 저녁 7시 30분 어떠쇼잉?"
손 팀장 "좋소잉. 그럼 내일 저녁 7시 30분 문예회관에서 봅시당!"

완주군 보건소 손성숙 팀장은 2008년부터 완주군청 난타동아리를 함께 해오고 있는 직장동료다. 눈빛만 봐도 호흡을 맞출 수 있을 정도로, 나이는 한참 위지만 친구처럼 지낸다. 2008년 3월에 시작한 완주군청 난타동아리는 직장에서 쌓인 스트레스를 연주를 통해 한방에 날려버리자는 취지로 만든 완주군청 공무원 학습동아리다.

올해로 9년차 난타동아리는 많은 우여곡절에도 지금까지 맥을 이어오고 있다.

완주군 상관면민의 날 축하공연을 하고 있는 모습(왼쪽에서 네 번째가 뽀빠이 공무원)

난타는 내게 삶의 활력소 역할을 해준다. 1주일에 한번씩 모여서 신나게 북을 두드리고 나면 쌓인 스트레스가 말끔히 사라지기 때문이다. 특이한 것은 북소리가 그때그때마다 달라진다는 점이다. 스트레스가 많을수록 북소리는 커진다. 그리고 스트레스를 제공한 사람을 북 위에 정중하게 모셔와서는 신나게 두드린다. 군수님일 때도 있고, 과장일 때도 있고, 부하직원일 때도 있다. 처음에는 화풀이 대상으로 두드렸지만 지금은 소통과 화합을 위해 신나게 두드린다.

완주군청 난타동아리가 추구하는 가치는 '배려와 조화'다. 그런 '배려와 조화' 속에서 완주군청 난타동아리 회원들의 우의는 더욱 깊어지고, 북소리는 점점 더 웅장해지고 있다.

05
뽀빠이 공무원의
주경야독

"도와줘요, 뽀빠이" 올리브가 외쳐대면 뽀빠이는 시금치를 먹고 초인적인 힘을 발휘하며 악당 부르터스로부터 올리브를 구해낸다. 어렸을적 보았던 '뽀빠이'의 한 장면이다.

'뽀빠이 공무원'은 임동창 풍류학교 한지윤 사무국장이 붙여준 별명이다. '건강한 완주 로컬푸드 음식을 먹고 놀이터 완주군에서 주민들과 함께 신나게 노는 공무원, 주민들의 어려움을 돕기 위해 초인적인 힘을 발휘하는 모습이 뽀빠이를 닮았다'며 붙여주었다. 희한하게도 때와 장소와 시간을 불문하고 주민들을 돕고 함께 하는 일이 즐거웠다. 주민들도 그런 나를 믿고 잘 따라 주었다.

그런 뽀빠이 공무원에게 시금치처럼 도움을 주는 두 가지가 있다. 하나는 완주군에서 생산한 '건강한 로컬푸드 음식'이고, 또 다른 하나는 '배움과 학습'이다. 건강한 로컬푸드 음식은 건강밥상꾸러미와 로컬푸드 직매장을 통해 쉽게 만날 수 있었고, '배움만큼 스스로를 발전시키는 것은 없으며, 배움과 학습은 아무리 강조해도 지나치지 않는다'는 생각을 실천하고 있다.

2009년도는 공무원 생활을 하면서 가장 바빴던 시기였다. 희망제작소 파견근무와 전북대학교 평생교육사 양성과정(2급)을 동시에 진행했다. 월요일부터 금요일까지는 서울에 있는 희망제작소에서 근무했고, 주말에는 전주에 내려와 매주 전북대학교 평생교육원 평생교육사 양성과정 수업(매주 토요일 6시간)을 받았다. 13개월(2008년 12월~2010년 1월) 동안 이어졌다. 수료식에서는 진(眞) · 선(善) · 미(美)반 90명 수료생을 대표하여 소감을 발표했다.

"안녕하세요? 미(美)반 1번 강평석입니다. 저는 완주군청 공무원입니다. 일곱분의 완주군청 공무원들과 함께 수업을 받았습니다. 평생교육사 과정 배움을 통해 평생교육 전반에 대한 인식, 그리고 평생교육의 필요성, 평생교육사의 역할과 사명에 대해서도 알게 되었습니다. 평생교육사 자격증을 얻기 위한 과정이었지만, 평생교육 분야에서 열심히 일하고 계시는 동기 분들을 만나고 알게 된 것이 가장 값진 소득이 아닌가 싶습니다." (이하 생략)

희망제작소에서의 배움도 빠뜨릴 수 없다. 특히 행복설계아카데미가 기억에 많이 남는다. 행복설계아카데미 9기 과정을 수료하면서 '행설구 카페'에 교육소감을 올렸다.

"안녕하세요? 전북 완주군청에서 희망제작소로 파견 온 강평석입니다. 이번 행복설계아카데미 과정을 통해 인생의 후반부에 대한 목표설정과 남은 공직생활에 대한 방향이 좀 더 뚜렷해진 것 같아 '희망과 행복설계 보장보험'에 가입한 기분입니다.

더욱이 재미로 똘똘 뭉친 41명의 동기들까지 덤으로 얻었으니 이번 선택은 너무나 잘한 것 같습니다. 새삼 느끼지만 '교육은 저 자신을 스스로 돌아볼 수 있도록 해 주고 언제나 신선한 자극을 주는데 인색함이 없습니다.' 행복설계아카데미 교육을 받을수록 더욱 더 그런 생각이 듭니다. 이곳 희망제작소에서 여러 분야의 교육도 받아 보았고, 전문 세미나와 포럼에도 참여해 보았고, 유명강사의 강연도 들었습니다. 지금까지 완주에서는 경험할 수 없었던 소중한 시간들이었습니다. 아직은 구체적으로 손에 잡히는 것도 없고, 눈에 쏙 들어오는 것도 없습니다. 하지만 하고 싶은 일은 더 많이 생겨났고, 가고 싶은 곳은 더 많이 늘어났고, 읽어야 할 책도 더 많아졌으며, 이웃과 만드는 아름다운 세상도 알게 되었습니다."

2014년도에는 '농어촌 퍼실리테이터' 자격증에 도전했다. '퍼실리테이터'란 촉진자, 조력자를 뜻한다. 마을 주민들 스스로 자발적으로 참여하여 의견을 나누고 합리적인 의사결정 과정을 거쳐 마을 계획을 수립하고 실천해 나갈 수 있도록 도와주는 역할이다. 주민들을 도와 즐겁게 마을 공동체 사업을 추진하기 위해서는 꼭 필요한 자격

완주군 마을 사무장 및 사무장 협의회 발전방안 워크숍 및 퍼실리테이션 진행 모습

중이었다. 1년간의 준비를 했고, 2014년 8월 25일 최종 합격했다.

 2014년 7월 11일 늦은 오후부터 저녁까지 완주군 경천면 농촌사랑학교에서 열띤 토론이 진행되었다. 완주군 마을 사무장 워크숍이 열렸는데 '완주군 마을 사무장 및 사무장 협의회 발전방안'이 주요 안건이었다. 완주군 마을 사무장 12명이 참여했고 워크숍 및 퍼실리테이션 진행을 내가 했다. 완주군 마을 사무장과 사무장 협의회에 도움이 되는 유익한 의견들이 봇물처럼 쏟아졌다.

 '지역에 공감하고 변화에 순응하며 주민에게 감동을 주는 감성적인 농어촌 퍼실리테이터' 뽀빠이 공무원의 희망사항이다. 낮에는 열심히 근무하고 밤에는 주민들과 함께 학습할 수 있어서 참 좋다. 배움으로 부족함을 채울 수 있고 주민들과 함께 나눌 수 있기 때문이다.

나는야 뽀빠이 공무원

제 2 장

뽀빠이
공무원의 놀이터는 완주군

1. 놀이터에 놀이기구들이 어마어마하다
2. 도계마을을 구하러 온 배트맨과 한바탕 신나게 놀다
3. 뽀빠이 공무원 놀이터에 놀러온 주식회사 장성군
4. 청양군에서 완주군으로 공무원 파견, Why?
5. 견학코스 1순위 놀이터 Name is 완주군

01
놀이터에 놀이기구들이
어마어마하다

완주군은 터전이 넉넉하다. 면적이 821km²(전북의 10.2%)로 전라북도에서 가장 넓다. 서울시 면적(605km²)의 1.4배이고, 여의도 면적(8.4km²)의 100배다.

2012년 7월 2일 완주군청 신청사 개청식이 열렸다. 완주군은 전주시를 도넛 형태로 둘러싸고 있다. 그러다 보니 77년 동안 완주군 청사가 전주시에 위치하고 있었다. 완주군 청사를 완주군으로 옮기면서 완주군은 진정한 자치시대 개막을 시작하였다. "완주군 청사가 너무 좋아 진짜로 부럽다고" 타 지역에서 완주군청을 방문한 사람이라면 이구동성으로 말한다.

5층 사무실에서 창밖을 보면 사방이 숲과 농지로 이루어져 있어 마음이 편안해진다. 굳이 시금치를 먹지 않아도 뽀빠이 공무원은

완주군 행정지도(완주군이 전주시를 도넛 형태로 둘러싸고 있다)

힘이 난다. 완주군 청사는 뽀빠이 공무원이 가장 좋아하고 오래 머무르는 놀이터다.

완주군 청사 놀이터에는 박성일 완주군수를 필두로 750여 명의 공직자들이 있다. 다양한 분야에서 다양한 놀이기구들을 가지고 신나게 놀고 있다. 그들의 목표는 단 하나, '완주군민들을 더 잘 살고 행복하게 하는데' 있다. 완주군 청사 옆에는 완주군립 중앙도서관이 있는데 '책 읽는 지식도시 완주군'은 전국 최고의 도서관 인프라를 갖추고 있다. 현재 중앙도서관, 둔산 영어도서관, 삼례도서관, 고산도서관, 작은도서관 8개소, 학교마을 작은도서관 3개소 등 전체 읍면에 도서관을 운영하고 있다.

완주군에는 529개 마을* 이 있다. 529개 마을 또한 뽀빠이 공무원이 즐겨 찾는 놀이터다.

완주군 농촌 활력 정책이 추진되고 있는 곳도 뽀빠이 공무원이 시간이 날 때마다 즐겨 찾는 곳으로, 마을공동체회사, 지역공동체회사, 지역경제순환센터, 거점가공센터, 로컬푸드 직매장, 두레농장, 창업보육센터, 농촌디자인센터, 농가레스토랑이다.

삼례문화예술촌도 자주 찾는다. 삼례문화예술촌은 원래 농협양곡창고였다. 일제 강점기, 호남평야에서 생산된 쌀을 삼례역 철도

---

* 마을 수가 지속적으로 증가하고 있다(2016년 6월 30일 기준).

를 이용해 군산으로 수탈하는 전진기지였다. 1920년대 신축되어 2010년까지 양곡창고로 사용되던 것을 완주군에서 매입했고 문화공간으로 탈바꿈시켰다. 양곡창고의 원형을 그대로 살려 근대문화유산으로 보존함과 동시에 주민과 예술인들이 함께 어우러지는 문화공간으로 활용하고 있다. 책 박물관, 김상림 목공소, 책공방 북아트센터, 디자인 박물관, 비주얼미디어아트 미술관, 문화카페가 있다. 삼례문화예슬촌은 '2016년 지역문화브랜드' 대상을 수상했다.

해마다 가을철이 되면 뽀빠이 공무원이 빠지지 않고 찾아가는 놀이터가 있다. 완주군 고산자연휴양림 인근에서 열리는 완주 와일드푸드 축제장이다. 와일드푸드Wild food란 야생음식을 의미한다. 천렵체험 · 미꾸라지 잡기 · 메뚜기 잡기 · 족대 체험 · 야생 놀이터 등의 체험 프로그램은 아이들에게는 새로운 경험을, 어른들에게는 옛 추억을 선물해준다. 2011년도에 제1회 완주 와일드푸드 축제를 시작했고 매년 방문객이 늘어나고 있다. 2015년도 완주 와일드푸드 축제는 **'펄떡이는 야생의 추억'**을 주제로 다양한 행사와 프로그램이 펼쳐진 가운데 3일 동안 모두 21만 명의 관광객과 6억 원의 매출을 기록했다. 잡상인이 없는 유일한 축제로 750여 명의 완주군청 공무원, 9만 5천여 명의 완주군민들이 주인이 되고, 축제장을 찾은 20만 명의 방문객들이 하나 되어 3일 동안 신나게 먹고 놀고 즐기는 곳이다.

고산 자연휴양림도 멋진 놀이터다. 총면적 692만m²로 삼림욕을 즐길 수 있는 사계절 가족휴양지이다. 휴양관(31실), 숲속의 집(10실), 캐라반(19대), 무궁화 오토캠핑장(91면), 웰빙정자(31동), 물 놀이터가 있다. 또한 자연과 함께 즐길 수 있는 신개념 가족 레포츠 시설 '에코어드벤처'와 '완주 밀리터리테마파크'가 있다. '밀리터리 테마파크'에서는 10명 이상의 인원이 A/B조로 나뉘어 생생한 모의 전투를 경험할 수 있다. 전반 7분, 후반 7분 동안 치열한 서바이벌 게임을 벌이면 땀은 비 오듯 하지만 유쾌·상쾌·통쾌하다.

언제부터인가 완주군 놀이터에 다른 지역 사람들이 찾아오기 시작했다. 국내에서도 오고, 해외에서도 찾아오고 있다. 놀이터마다 사람들로 가득하다. 난 그저 놀이터에서 신나게 놀았을 뿐인데, '고생 많았다'고 격려도 해주고, '좋은 놀이터를 많이 만들어 함께 놀게 해줘 참 고맙다'며 감사의 인사를 받기도 한다. 완주군민의 소득과 행복으로 직결되는 신명나는 놀이터가 많아 참 행복하다.

02
도계마을을 구하러 온 배트맨과 한바탕 신나게 놀다

"어라! 우리 도계마을에 배트맨이 왔디야."
"아녀! 스파이더맨이랴~~."
"원더우먼도 왔고 마귀할멈도 왔디야."
"뭔일이여, 마을에 무슨 일이 있당가?"

도계마을은 완주군 용진읍에 위치하고 있으며, 53세대 146명이 마을을 울타리삼아 지내고 있다. 2003년도 정보화 마을에 선정되었고, 2009년부터 완주군 마을 공동체 사업을 추진해 오고 있다.

농림축산식품부는 마을 만들기를 통해 경쟁과 소통을 유도하고 우수사례를 발굴·확산하기 위해서 '행복마을만들기 콘테스트'를 기획하였고, 2014년도 '제1회 행복마을만들기 콘테스트'를 추진하였다. 도계마을은 '제1회 행복마을만들기 콘테스트'에 참여하여 지역(완주군과 전라북도) 예선을 무난히 통과하였고 전국 콘테스트를 앞두고 있었다. 전국 콘테스트에서는 지역 예선을 통과한 전국 27개 마을이 '경관·환경 분야', '문화·복지 분야', '소득·체험 분야'로 나뉘어 마을 공동체 사업 현장 발표와 주민퍼포먼스를 통해 우열을 겨루었다. 도계마을은 '소득·체험 분야'에 참여했다.

마을 공동체 사업 현장 발표는 이일구 이장의 몫이었고, 주민퍼포먼스는 새마을운동 노래를 개사해서 주민들이 함께 부르기로 했다. '신나게 놀고 마을 홍보도 할 게 뭐 없을까?' 고민하던 차에 용진읍 봉서골권역 강문석 사무장이 기발한 의견을 냈다. "마을 주민들 중 몇 분이 이색 응원복장을 하고 춤을 추면서 한바탕 놀아보는 건 어때요! 응원복장은 제가 책임지겠습니다."

하지만 "에이, 누가 그런 알록달록한 옷을 입어, 나이 드신 분들은 그런 옷 안 입어"하면서 손사래를 쳤다. "그래도 혹시 모르니 응원복이나 한 번 빌려와 봐" 그렇게 의견이 모아졌다.

2014년 11월 6일 행복마을만들기 전국 콘테스트 하루 전날, 도계마을 정보화 교육장에 마을 임원들이 모였고, 이색 응원복이 도착했다.

"노인회장님! 기똥찬 옷이 왔는데, 한 번 입어보시겠어요?"라며 강문석 사무장이 운을 뗐다.

원용완 노인회장은 "에이, 내가 어떻게 저런 알록달록한 옷을 입어, 나 못 입어" 하면서 단번에 마다하셨다. 하지만 "어디, 내가 생전 저런 옷을 입어보았어야 말이지" 하면서 여운을 남기셨다. 강문석 사무장이 자청해서 스파이더맨 옷을 입었다.

정정애 부녀회장에게는 삐에로 복장을, 원용완 노인회장에게는 배트맨 복장을, 박귀순 할머니에게는 마귀할멈 복장을, 이순주 씨에게는 원더우먼 복장을, 김우강 영농법인대표와 김창수 어르신에게는 빨강, 노랑모자와 색깔 옷을 나누어 주었다.

사무장이 먼저 입고, 부녀회장이 따라 입으니 처음에 주저하셨던 어르신들도 주섬주섬 옷을 입으셨다.

그때 "내일 경기도 안성시에서 있는 행복마을만들기 콘테스트 총리허설이 있으니 정보화 마을 교육장으로 모이세요"라는 마을방송이 나왔고, 주민들이 하나둘 정보화 마을 교육장으로 올라왔다. 모두들 눈이 휘둥그레졌다. 그리고는 한마디씩 했다.

"부녀회장! 삐에로 복장이 잘 어울리는고만."

"아이고, 노인회장님! 새 인물났소잉!"

"마귀할멈 복장은 종필이 할머니가 딱이랑게, 검정 고깔모자가 왜 그렇게 멋있어?"

"가랑이 엄마는 원더우먼이여? 근디 살 좀 빼야것어?"

"아이고! 찬규 할아버지하고 수아 할아버지는 지금 당장 업소 가셔도 되것쏘잉!"

그렇게 웃고 난리법석이 났다.

"그려, 그렇게 잘 어울린당가?"

"두말 허면 잔소리지, 기똥차게 잘 어울린당게!"

그렇게 한바탕 수다가 이어지고, 리허설이 시작되었다.

"지금부터 봉서골 도계마을에 대하여 소개하겠습니다. 봉서골 도계마을은(이하 생략)."

이일구 이장이 봉서골 도계마을 공동체 사업에 대하여 10분간 발표를 하였다. 10년간 마을에서 이루어진 희노애락喜怒哀樂을 10분 만에 발표하려니 이일구 이장의 말이 빨라질 수밖에 없었다. 선택과 집중이 필요했다.

"이장님! 말씀이 전체적으로 빨라요. 여유를 가지고 조금 천천히 해주세요. 마을 현황에 대한 소개는 시간을 줄이시고요, 소득체험 부분과 마을 비전, 향후계획은 조금 더 길게 하시고, 더 강조하셨으면 좋겠네요. 어머님들! 표정이 너무 딱딱해요. 환하게 웃으면서 합창하시겠어요."

나는 늦은 저녁 시간까지 리허설을 진두지휘하였고, 마을 주민들에게 진행 순서를 소상하게 소개했다. 언제 입장해서 어떻게 노래를 마쳐야 하는지도 꼼꼼하게 알려주었다.

빨강색 티로 곱게 차려입은 도계마을 주민 30명이 손에 손을 잡고 합창을 했다.

우리 모두 열심히 두부 김치 만들어, 사이좋게 일하고 부자마을 만드세 살기 좋은 도계마을, 우리 힘으로 만드세! ♪♬

도계마을 주민들이 열심히 연습하고 있는 모습

외국산은 없애고 우리 걸로 만드세, 알뜰살뜰 다듬어 행복 마을 만드세 살기 좋은 도계마을 우리 힘으로 만드세!" ♪ ♬

노래가 끝나자 이일구 이장이 힘차게 선창을 했다. "꿈을 현실로!"

마을 주민들이 손을 활짝 펴면서 "가자! 도계마을로~~"라며 우렁차게 외쳤다.

그렇게 도계마을 주민들은 하나가 되었다.

도계마을을 도와주러 온 배트맨, 스파이더맨, 원더우먼, 삐에로, 마귀할멈과 마을 대표인 김우강 어르신, 김창수 어르신은 함께 어울려 신나게 춤을 추었다. 그 모습이 2014년도에 개봉한 '어벤저스'를 능가하는 것 같았다. 그렇게 '완주 마을호' 지휘자인 뽀빠이 공무원 지휘 아래 '도계마을호' 주민들은 멋진 오케스트라를 연출했다.

다음날, 도계마을은 제1회 행복마을만들기 콘테스트에서 국무총리상을 수상했다.

03
뽀빠이 공무원 놀이터에 놀러온
주식회사 장성군

"강 계장님! 장성군에서 완주군에 벤치마킹 온다네요?"
"어디라구요?"
"전남 장성군요."
"어디요? 그 주식회사 장성군요?"
"예! 그 장성군요."

2015년 1월 8일 완주군청 농업농촌정책과 안형숙 도농순환팀장으로부터 전남 장성군에서 완주군으로 벤치마킹을 위해 방문한다는 이야기를 들었다. 순간 내 귀를 의심했다.
장성군이 어떤 곳인가? 대한민국 최고로 지방자치를 잘하고 있는 곳이 아니던가? 오죽 잘했으면 공무원이 경영하는 '주식회사 장성군'이라고 했을까?

'장성 아카데미와 장성군청의 혁신 성공 사례가 알려지면서 장성군을 방문하는 인파가 줄을 잇고 있다. 작은 시골 마을에 서울과 부산 등 대도시뿐만 아니라 전국 각 지자체에서 찾아오는 사람이 넘쳐나니 새삼 소문이 무섭다는 생각이 든다.'《주식회사 장성군(저자 양병무)》 책자에 소개된 내용 일부이다.

그런 장성군이 완주군에 벤치마킹을 오겠다니 기분이 묘했다.
"무엇 때문에 온다고 합니까?"
"몇 명이나 오는데요?"
"어떤 부서에서 누가 온답니까?"
나도 모르게 궁금한 질문들을 연거푸 쏟아냈다.

방문연유를 알아보니, 2015년 1월 7일, 장성군 간부회의에서 유두석 군수가 "부군수를 단장으로 귀농·귀촌, 공동체(마을, 아파트), 농업·농촌, 로컬푸드, 일자리 관련 직원은 완주군에 가서 업무를 배워오라"고 지시했다고 한다.

장성군청 총무과(공동체 생활담당), 고용투자정책과(일자리창출담당), 민원봉사과(건축담당), 농업기술센터(농업축산과장, 농촌지원과장, 유통담당, 원예특화담당, 귀농·귀촌담당) 4개부서 실과소장과 실무를 주관하고 있는 담당 공무원들이 완주군청 방문예정자였다.
방문일자는 2015년 1월 23일, 방문예정시간은 330분이었다. 방문일정은 ① 장성군 출발, 완주군청 도착(90분), ② 완주군 농촌활력 사례 청취 및 토론(60분), ③ 완주군 구이면 이동(30분), ④ 로컬푸드 해피스테이션 견학(60분), ⑤ 완주군 출발, 장성군 도착(90분)

순으로 짜여 있었다.

　완주군 농촌 활력 사례 청취, 토론과 로컬푸드 해피스테이션 견학이 핵심이었다. 완주군 농촌 활력 사례 소개는 내 몫이었다. 지방자치를 잘하고 있는 장성군 부군수와 실무담당들이 방문하는 만큼 준비를 철저히 했다. 우선 '완주군의 지속가능한 농촌이야기'라는 주제로 자료(40쪽)를 만들었다. 완주군 여건, 완주군 농업·농촌 전략, 그간의 성과와 성공요인, 새로운 농업·농촌 전략 순으로 자료를 정리했다. 그리고 '완주군 농업·농촌 활성화 사례'라는 제목으로 현장 경험과 사례를 담아 자료(56쪽)를 함께 만들었다.

　2015년 1월 23일 13시 30분, 장성군 부군수, 간부 공무원, 실무담당 공무원 11명이 완주군청에 도착했다. 박성일 완주군수님과 간단한 티타임이 끝난 뒤 완주군 농촌 활력 사례 청취 및 토론으로 이어졌다. 완주군청에서는 농업농촌정책과장, 농정일자리팀장, 마을회사팀장, 로컬푸드팀장, 도농순환팀장, 농산유통팀장, 농촌개발팀장, 도시개발과 건축행정팀장이 참석했다. 30분간 완주군 농촌 활력 사례 소개를 했고, 토론으로 이어졌다.

　완주군 지방자치경쟁력이 전국 최고인 이유, 완주군 농촌 활력 정책 추진배경, 최근에 완주군 귀농·귀촌자가 폭발적으로 증가하는 이유, 완주군 로컬푸드 직매장에 매일 1,000명이 방문하는 비결, 이제 막 시작하려는 살맛나는 아파트 르네상스 사업 등에 큰 관심을 보였다.

놀이터 완주군을 찾아온 주식회사 장성군 공무원

정찬균 장성부군수(현재는 전남도청 일자리정책실장)는 "완주군의 지속가능한 농업이야기 속에 그간의 고생과 경험들이 잘 녹아있으며, 완주군에서 추진했던 농업·농촌 활성화 정책과 사례들을 공유해 줘서 감사하다"는 고마움을 거듭 표현했다.

장성군에서 완주군을 다녀간 뒤 책장에 꽂혀있던 《주식회사 장성군》 책을 처음부터 끝까지 정독했다. 장성군에서 배워야 할 점은 무엇인가? 그리고 내가 지금 놓치고 있는 것은 무엇인지를 곰곰이 생각해 보았다. 그리고 '현재에 안주하면 뒤쳐진다'는 평범한 진리를 깨달았다.

04
청양군에서 완주군으로 공무원 파견, Why?

2015년 3월 21일 오후 2시, 충남 청양군 대치면 장곡리 한 식당에 건배소리가 쩌렁쩌렁하게 울려 퍼졌다. 이석화 청양군수가 건배 제의를 하였고, 완주군 농업농촌정책과 직원들과 청양군 농업지원과 공무원 50여 명이 큰 목소리로 "청양~~도"를 외쳤기 때문이다. 청양군청과 완주군청 농정부서간 친목의 장이 마련된 것은 청양군청 공무원 2명이 완주군으로 파견 오면서부터 시작되었다. 군郡에서 군으로 파견한 사례는 지금까지 없었다.

2014년 4월 충남도청 농정국장과 10여 명의 공무원들이 완주군청을 방문하여, 완주군 농촌 활력 정책 추진 배경과 사례를 듣고, 현장을 살펴보고 돌아갔다. 2014년 9월 충남도청 농업정책과 마을 만들기 T/F팀장이 재차 완주군을 방문했다. 방문목적은 '청양군청 공무원이 완주군에 파견 올 수 있도록 협조해 달라'는 것이었다.

농정 1번지를 자부했던 충남도청 농정국장은 완주군을 다녀간 뒤 충격에 빠졌다. 충청남도가 '지속가능한 농어업, 살기 좋은 농어촌, 행복한 농어업인' 3농 혁신을 추진해 오고 있었는데, 완주군이 한발 앞서 농촌 활력 정책을 추진하여 지역의 소농·고령농, 마을 공동체의 지속가능한 소득을 창출하고 있었다. 이런 완주군 사례를 '충청남도 다른 기초지자체로 확대할 수는 없을까?'라는 고민을 하였고, '일시적인 견학이 아닌 파견을 통해 완주군 사례를 배워서 지역에 접목해야 한다'는 결론을 내렸다. 농정국장은 청양군수를 설득했고, 청양군청 공무원 2명이 파견 올 수 있는 여건을 마련했다(김 농정국장의 고향이 청양군이라고 함).

2014년 9월 12일 충남도청 마을 만들기 T/F팀장으로부터 정성어린 문자가 왔다. '존경하는 강평석 계장님! 충남도청 농업정책과 조 팀장입니다. 추석은 잘 보내셨나요? 강 계장님이 교육중이라 이렇게 메시지 올립니다. 청양군 공무원 파견 관련으로 완주군수님께 보고 올려 주십사하고 다시 한번 부탁드립니다. 필요하면 청양군수께서 전화 올리도록 하겠습니다.'

'우리가 뭐 그리 대단한 일을 했다고, 그래 방법을 찾아보자!' 관련법규를 찾아보고, 인사부서의 의견을 수렴했다. 파견근무가 가능하다는 의견을 듣고 군수님께 보고를 드렸다.
"그게 가능한 일이야?"
"예! 가능합니다. 인사부서의 의견도 수렴했습니다."

"그래, 그럼 신속하게 처리하고, 파견 오는 청양군청 공무원들이 불편함이 없도록 최대한 협조해 주도록 해."
"예! 알겠습니다."

2014년 10월 16일 그렇게 청양군청 김수동 팀장과 유병환 주무관의 완주군 파견근무가 시작되었다. 파견기간은 6개월(2014년 10월 16일~2015년 4월 15일)이었다. 완주군 농촌 활력 정책 및 시책들을 직접 보고 배울 수 있도록 각 팀별로 배치를 했다. 농촌활력과 커뮤니티비즈니스팀 1개월, 도농순환팀 1개월, 마을회사팀 45일, 로컬푸드팀 75일이었다.

2015년 2월 27일 이석화 청양군수를 비롯한 이기성 청양군의회 부의장(현재는 청양군의회 의장)과 청양군의회 의원, 관련 공무원, 생산농가, 기자단 등 약 60여 명이 완주군을 방문했다. 완주군 농촌 활력 정책에 대한 소개와 토론, 로컬푸드 협동조합 운영 및 로컬푸드 직매장 현장 견학, 완주군 농업기술센터 잔류농약 인증센터 견학, 지역경제순환센터·거점농민가공센터 견학 등 농업·농촌 활력 사례들을 둘러보는 일정이었다.

완주군 농촌 활력 정책 소개는 내가 했다. 이석화 청양군수는 "강의에 혼이 들어 있습니다. 완주군이 성공한 요인이 저 강의 속에 다 있습니다"라며 격려해 주었다.

2015년 3월 21일 청양군청 상황실에서 청양군청 농업지원과 공무원과 완주군청 농업농촌정책과 공무원 50여 명이 모여 농정부서 간 자매결연 협약식을 가졌다. 지역 공동발전을 위해 협력하고 농업·농촌 정책을 공유하기로 약속했다. 칠갑산을 산행했고, 점심 식사 후 족구도 함께 했다.

충남 청양군도 한때는 인구가 10만 명이 넘었다고 한다. 하지만 지금은 3만 명으로 줄었다. 여느 농촌 지역과 마찬가지로 고령화와 인구감소가 급격하게 진행되고 있는 것이다. 청양군이 로컬푸드를 통해 '인구증가와 부자 농촌'으로 활력이 가득했으면 좋겠다. 하지만 쉬운 일은 아니다. 전주시를 둘러싸고 있는 완주군과 달리 청양군은 인근에 연계 배후도시가 없다. 생산농가의 다품목 소량 연중 생산체계도 구축하여야 한다. 민간중심 조직 구성, 품질인증 시스템 구축에 필요한 예산 및 인력 확보, 거점가공센터 신축, 적절한 유통·소비 시스템 등 난제들도 한두 가지가 아니다.

하지만 시작이 반이다. 그리고 중요한 것은 사람이고 그 사람들의 의지다. 옛말에도 '청출어람 청어람(靑出於藍 靑於藍)'이라고 했다. 진일보한 청양군표 로컬푸드를 기대하며, 청양군의 발전과 번영을 기원해본다.

05
견학코스 1순위
놀이터 Name is 완주군

2008년도부터 시작된 완주군표 농업·농촌 활성화 정책('약속 프로젝트' 수립, 지역 공동체 활성화 조례 제정, 농촌활력과 신설, 지역 경제순환센터 개관 등) 추진을 위해서는 가서 보고 배울 곳이 필요했다. 하지만 정책 대부분을 완주군에서 처음 추진하는 것이어서 국내에는 찾아가서 배울만한 곳이 딱히 없었다. 부득이 비싼 수업료를 내면서 일본으로 견학을 다녀와야만 했다.

2011년도에는 완주군표 농업·농촌 활성화 정책추진이 초창기여서 완주군 견학코스가 그리 많지 않았다. 그럼에도 불구하고 완주군 사례를 보고 배우기 위한 방문이 줄을 이었다. 3월부터 5월까지 두 달 동안 부천시청(직원 30명), 가평군청(직원 25명), 오산시청(간부 30명), 행정안전부(코칭그룹 30명), 파주시(의회 18명), 울산북구청(의회 25명), 서울사단법인 일공동체협의회(25명), 부산

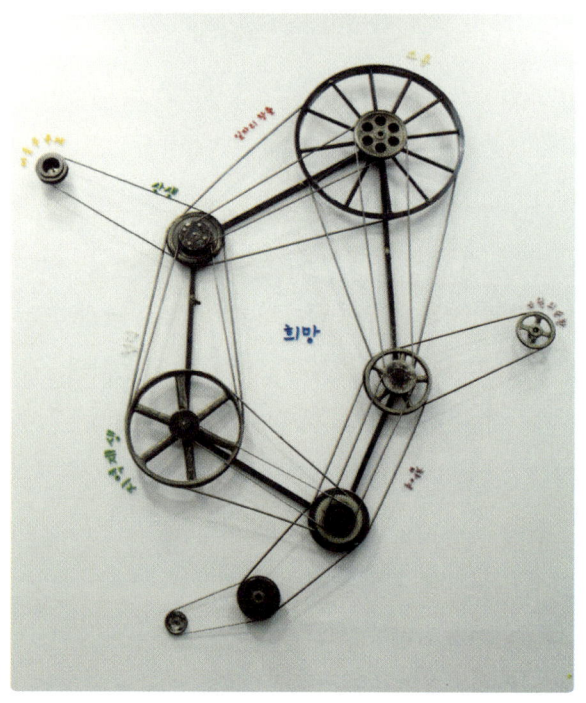

완주군 고산면 지역경제순환센터 톱니바퀴(사회경제 틀 속에서 시스템을 구축했고 사업 간 연계하고 있다)

YMCA(김해창 부소장 등 35명), 성북구청(간부 30명)에서 지역경제순환센터, 안덕마을·창포마을·인덕마을 공동체와 고산자연휴양림, 술 박물관을 다녀갔다.

완주군 지역경제순환센터 현관에 있는 톱니바퀴 모습(앞 페이지 사진) 속에는 왜 완주군이 견학코스 1순위인지 그 답이 숨겨져 있다. 지역 재생과 자원의 순환을 통해 일자리를 만들어 가기 위한 다양한 노력을 했고, 농촌에도 희망이 있음을 일깨웠기 때문이다.

2012년도에도 완주군 벤치마킹은 지속되었다. 행정안전부, 서울특별시(인재개발원), 충남도청, 경기도, 제주도, 홍천군, 화순군, 횡성군, 정선군, 인천광역시 남구청, 유성구, 오산시, 서천군, 서산시, 논산시, 광명시에서 완주군을 다녀갔다.

특히 기억에 남는 것은 '2012년 한·미 언론교류' 완주군 방문이었다. 한·미 양국 언론인 간 상호 교환취재 및 토론 프로그램이었다. 한·미 양국에서 선발된 언론인들이 2주간 상대국을 방문하여 정치·경제·문화 등 다양한 영역을 취재하며, 마지막 일정으로 양국 언론인들이 만나 상대국 방문 및 취재 경험을 공유하고 토론했다. 미국 언론인 등 11명이 '한국 농업, 축산업의 미래'를 취재하기 위하여 완주군 지역경제순환센터, 축산농가, 용진농협 로컬푸드 직매장, 도계마을 공동체를 방문했다. 지방자치단체 방문은 완주군이 유일했다. 호기심 가득한 표정으로 엄청나게 많은 질문을 쏟아냈다.

2011년도와 2012년도에는 완주군이 추진했던 내발적(內發的) 지역발전 모델에 관심이 많았다. 지역경제순환센터와 마을 공동체 방문이 주류를 이루었다.

2012년 4월 27일 용진농협에서 전국 최초로 로컬푸드 직매장을 오픈했다. 로컬푸드 직매장이 자리를 잡으면서 2013년도 이후에는 로컬푸드 직매장과 로컬푸드 시스템을 배우려는 벤치마킹이 쇄도하였다. 용진농협 관계자에 따르면 '2012년 로컬푸드 직매장을 오픈하고 지금까지 용진농협에만 7만 명이 넘는 방문객이 다녀갔다'고 한다.

2013년, 2014년, 2015년(1월~5월)도에는 안전행정부, 지식경제부, 농촌진흥청, 지역발전위원회, 광주광역시(의원) 서구·남구·북구·광산구청, 충남도청, 세종시, 인천광역시 남동구청, 울산광역시 중구청, 대전광역시 유성구청, 강릉시·거제시·동두천시·양주시·순천시·안동시·제천시·청주시·충주시 시청, 거창군·고성군·고흥군·곡성군·괴산군·구례군·담양군·보성군·보은군·순창군·신안군·양평군·영광군·영동군·영월군·영암군·예산군·옥천군·울진군·임실군·진안군·청도군·청양군·칠곡군·태안군·평창군·함안군·홍성군·홍천군 군청에서 다녀갔다. 중앙부처, 기초·광역 지방자치단체가 총망라되어 있다.

2014년 12월 완주군 두레농장 상생 네트워크 사업이 대통령상을 받았다. 덕분에 2014년 하반기부터는 귀농·귀촌 벤치마킹 방문객까지 더해지고 있다. 지역 주민들이 중심이 되어 추진되는 완주군표 지역 발전 시스템은 안정적이고 지속가능하다. 마을 회사 육성 시스템, 로컬푸드 생산·유통·소비 시스템, 도농순환 촉진 시스템은 민관협력 시스템이다. 다른 지역 놀이터에서는 찾아보기 어렵다. 완주군이 벤치마킹 1순위가 되는 원동력이다.

  2015년도 한 해 590개 기관단체, 2만여 명*이 완주군을 다녀갔다. 처음에는 기관·단체가 주류를 이루었지만 이제는 지방행정연수원(중간 리더 과정)과 농촌진흥청(6차 산업화 전문가 과정)과 연계한 내국인 연수 프로그램이 큰 보탬을 주고 있다. 뿐만 아니라 지방행정연수원 '국제교류 프로그램' 일환으로 우간다 고위 공무원, 아프리카 8개국 지방 공무원 등 해외 공무원들의 방문까지 더해지고 있다. 이제 완주군은 견학코스 1순위가 되었다.

  농업·농촌으로 시작한 완주군 벤치마킹 방문과 마을 여행이 교통, 복지, 문화, 교육 등으로 확산되고 꽃피워서, 완주군 하면 '가족과 함께 여행하고 싶은 곳 1순위'가 되었으면 하는 바람이다.

---

* 기관단체 및 방문객 수는 완주군에서 자체 집계한 자료임.

나는야 뽀빠이 공무원

제 3 장

뽀빠이 공무원 미션
농업·농촌 활성화 프로젝트

〈미션 1〉 생각과 발상을 전환하라!
〈미션 2〉 A와 B를 연결하는 교집합을 만들어라!
〈미션 3〉 완주군만의 지리서를 만들어라!
〈미션 4〉 약속 프로젝트 농업·농촌 중장기 전략을 사수하라!
〈미션 5〉 전국 최초 최고의 농촌활력과를 탄생시켜라!
〈미션 6〉 체계적 농업·농촌 정책을 추진하라!

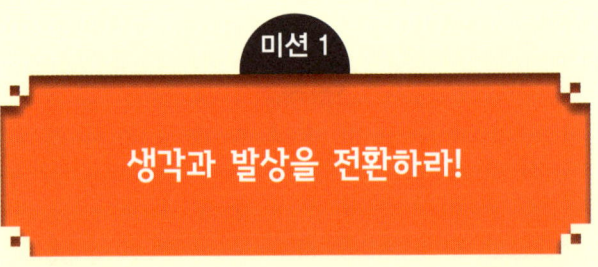

미션 1
생각과 발상을 전환하라!

2016년 9월 29일~30일(1박 2일) 삼성그룹 퇴직(예정자)자 33명이 귀농·귀촌 견학 및 체험을 위해 완주군을 찾아왔다. 대한민국 최고기업인 삼성에서 완주군을 찾아온 것이다. 1박 2일 교육을 마치고 설문조사를 실시했는데 만족도 *가 매우 높았다.

"귀하께서 생각하는 귀농·귀촌 지역은 어디입니까?"라는 설문에 16명이 완주군을 선택했다.

완주군의 인기비결은 무엇인지 함께 찾아보기로 하자.

지역을 어떻게 보느냐에 따라 전혀 다른 모습이 보이고 해결하는 방식도 달라진다는 것은 완주군 농촌 활력 사례들을 보면 알 수 있다.

---
* 매우 만족(29명), 만족(4명)

농촌 문제, 노인 문제, 먹거리 문제에 모두들 희망이 없다고 했다. 희망이 없는데 무슨 해결방안이 있겠는가? 농업과 농촌에 천문학적인 혈세가 투입되었지만 농촌 경제는 더 피폐해졌고 농민의 삶은 더 나빠졌다. 더구나 허리띠를 졸라매고 자식들을 위해 한평생을 바친 노인들은 뒷방 늙은이로 물러나야 했다.

먹거리 문제는 더욱더 심각했다. 내가 먹는 먹거리가 어디에서 왔는지 알 수 없었고, 어느 순간 얼굴 없는 먹거리와 외국산 농산물들이 식탁과 밥상을 점령하기 시작했다. 중간 유통업자들에 의해 농산물 가격이 좌지우지되었지만 어느 누구도 시원한 해결책을 내놓지 못했다. 기존의 방식으로는 도저히 해결할 수 없다고 보았던 문제들을 해결하기 위해서 생각과 발상을 전환했고, '세 가지 관점'에서 새로운 접근법을 찾았다.

첫째, 지역 자원 재발견과 통합적인 지역 경영의 관점이었다. 2008년도 완주군은 희망제작소와 함께 지역의 자원과 자산을 조사하는 공동 프로젝트를 진행하였다. 이름도 '신 택리지 사업'이라 칭했다. 1년여 간 완주군 지역 현장 조사를 실시했다. 지역의 다양한 자원을 발굴하여 지속가능한 사업으로 연결시켜서 살기 좋은 지역을 만들기 위함이었다. 완주군을 하나의 지역 공동체로 인식하고, 어떻게 하면 인적·물적·환경적·역사적 자원을 공동체의 이익을 높일 수 있도록 조화롭게 엮어낼 것인가를 고민했다. 유·무형 지역 자원의 효율적 결합을 시도했다.

둘째, 지속가능한 미래가치창조 관점이었다. "어디에서 오셨어요? 그곳은 무엇이 유명한가요?" 라고 물어보면 대부분 관광지나 특산품을 이야기한다. "우리 지역에는 솜씨 좋은 어르신들이 참 많아요. 그분들의 솜씨와 노하우가 우리 지역 보물이에요" 이렇게 얘기하는 사람은 거의 없었다. 완주군 로컬푸드 직매장 가공상품들은 대부분 지역 어르신들의 손재주로부터 출발했다. 된장, 고추장, 간장, 청국장, 부스개에 이르기까지 다양하다. 완주 와일드푸드 축제에서 맛볼 수 있는 음식 또한 솜씨 좋은 어르신들 노하우에서 시작했다. 마을에 가면 솜씨 좋은 어르신들이 아직도 많다. 마음만 먹으면 얼마든지 상품화하고 지속가능한 가치를 창출할 수 있다.

완주에서는 가능한데 왜 다른 지역에서는 하지 못할까? 그동안에는 지역 정체성을 주로 '특산품'이나 상징적인 '자연 자원'에서 찾아왔기 때문이다. 그러나 완주군은 발상을 전환해 지역이 지향하는 '가치'를 전면에 내세웠다.

셋째, 주민을 핵심동력으로 하는 관점이었다. 그간 지역 주민과 행정의 관계는 행정중심의 일방적인 관계였다. 발상을 전환하여 사업의 기획자도, 추진주체도, 그 열매의 향유자도 주민 자신일 때 '지방자치'와 '민주주의'는 질적으로 발전할 수 있다고 보았다. 그래서 행정과 주민이 쌍방향으로 소통하여 함께 만드는 커뮤니티비즈니스 전략이 필요하다고 판단했다. 커뮤니티비즈니스는 지역이 당면하고 있는 다양한 문제들을 지역 자산을 활용하고 지역 주민이 주체가 되는 비즈니스 방식을 통해 해결하고 그 이익을 지역에 환원하는 방식이다. 어르신들의 솜씨와 노하우는 '비즈니스'를 통해 지속가능한 가치로 변모했다. 함께 한다는 의미의 공동체가 더해져서 '커뮤니티비즈니스'가 추진되었다. 완주군 마을 공동체 회사, 두레농장, 로컬푸드는 모두 완주군표 커뮤니티비즈니스다.

완주군이 가장 역점을 두었던 것은 주민들의 역량을 끌어올리는 일이었다. 그동안 주민들이 '물이 필요하다며 물을 달라'고 하면 행정에서 물을 구해주었다. 하지만 그때뿐이었고 시간이 조금 지나면 주민들은 '또 물이 필요하니 물을 달라'고 요구했다. 주민들이 물을 직접 찾아 먹도록 방법을 알려주기보다는 물을 구해 주기에만 급급했었다. 주민들이 스스로 물을 찾아 먹을 수 있도록 방법을 알려주어야 했다.

완주군표 마을 공동체 사업, 두레농장, 로컬푸드가 지속가능하려면 주민들의 역량강화가 필수적이다. 그래서 폐교된 구 삼기초등학교를 리모델링하여 지역경제순환센터를 만들어 주민들에게 필요한 교육과 컨설팅 공간으로 활용하고 있다. 이제는 그동안의 교육을 통해 공동체 사업 배당도 주민 스스로 결정하고 아이템도 스스로 찾고 있다. 소포장과 가격도 농가에서 스스로 결정한다.

행정도, 용진농협도, 완주 로컬푸드협동조합도 주민 교육만큼은 철저하다. 필요하면 해외에도 직접 주민들을 보내고 있다. 그동안 일본 해외연수로 1,000명 이상이나 다녀왔다. 지난 2006년까지만 해도 완주군은 그리 잘 사는 지역이 아니었다. 이렇다 할 브랜드도 갖고 있질 않았고 예산도 턱없이 부족했다. 패배주의에 젖어 있는 상태였다. 그러나 이제는 군민과 공무원이 하나로 똘똘 뭉쳐 활력 넘치는 지역으로 바꿔 놓았다. 생각과 발상을 전환하고 새로운 접근법을 찾기 위해 열심히 노력했기 때문이다.

미션 2

A와 B를 연결하는 교집합을 만들어라!

교집합intersection, 交集合은 2개 이상의 집합에 동시에 속하는 원소 전체로 된 집합을 말한다. 공통부분이라고도 한다. 두 집합 A와 B, 양쪽에 공통으로 속해 있는 원소 전체의 집합을 A와 B의 교집합이라 하고, A∩B로 나타낸다. A = {1, 2, 3, 4}, B = {3, 4, 5, 6}일 때, A∩B = {3, 4}이다.

"그렇다면 A = {주민}, B = {행정}일 때
A∩B은 무엇이 될까?
A∩B = {참여}였으면 좋겠다."

주민들이 행정에 적극적으로 참여하고 소통하는 것이 지방자치 발전에 꼭 필요한 요소이기 때문이다.

그럼, 지역형편은 어떠한가? 지방자치단체마다 주민참여를 통한 열린 행정을 구현하려고 노력하고 있는데, 과연 주민들이 행정

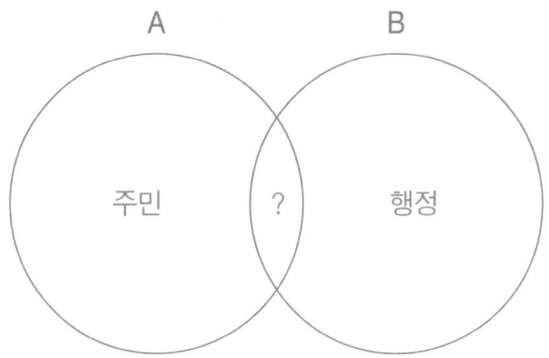

에 적극적으로 참여하고 있는가? 주민참여예산제를 통해 주민이 행정에 참여하고 있는 곳도 있고, 주민참여감사제를 운영하는 곳도 있다. 하지만 주민의 행정참여는 단편적이고 지속적이지 않다. 지역 발전 정책은 어떠한가? 그간의 지역 발전 정책은 국가나 중앙 정부 주도로 추진되어 왔다. 지역의 특성과 주민의 의사가 무시된 채 획일적으로 추진되어 온 것이 사실이다.

완주군이 농업·농촌 활성화 정책을 펼쳤던 이유는 농업 문제를 버려두고 지역 발전은 요원하니 완주군 방식으로 우리가 한 번 정면 승부해 보자는 의미였다. 농촌의 지속가능성을 우리 스스로 찾고 만들어 보려는 노력이었다. '혼자 빨리 가는 방법이 아닌 함께 멀리 가는 방법'을 선택했고, 지금도 진행 중이다.

통합적 관점에서 지역을 바라보았고 정책을 추진했다. 기구통합, 정책통합, 기능통합으로 주체역량을 강화했다. 안정적인 시스템을 구축하였고 지속가능성을 그 안에 담으려고 노력했다. 마을 회사 단계적 육성 시스템, 로컬푸드 생산·유통·소비 시스템, 도농순환 촉진 시스템, 민관협력 시스템들이 그것이다.

그렇다면 A = {완주군}, B = {지역 발전}일 때, A∩B은 무엇이 될까? A∩B = {지역경제순환센터}가 아닐까? 지역경제순환센터는 완주군 '싱크탱크'이자 완주군 '지역 살리기 총본부'였다. 주민과 행정의 중간에서 가교역할을 했고, 교육과 학습을 통해 주민들과 공무원들의 역량을 높이는 핵심역할을 했다. 다섯 분야의 중간지원조직에는 민간전문가가 채용되었고, 완주군청 농촌활력과와 두 트랙이 되어 지역 발전을 견인했다. 지역경제순환센터 개관식 팸플릿에 소개된 내용을 보면 그 당시 완주군의 고민이 고스란히 담겨 있다.

안타까움이 컸습니다. 지역 어르신들이 손수 흙 지어다 나르고 땅을 희사해서 일군 삼기초등학교가 7년 전 문을 닫았기 때문입니다. 항상 생각했습니다. 귀한 공간으로 써야 한다고.
폐교를 리모델링하면서 건물 외형보다는 이 공간의 쓰임새, 이 그릇에 담을 농촌 활력의 내용과 방법을 고민했습니다. 소득 문제와 고령화 문제, 교육 문제와 복지 문제, 공동체의 급속한 붕괴, 농업·농촌에 대한 사회적 편견을 어떻게 극복할 것인지 답을 찾고자 했습니다.
그래서 다섯 분야의 중간지원조직이 활동하는 '완주군 지역경제순환센터를 만들었습니다. 이곳은 문턱이 없습니다. 밤낮이 없습니다. 농촌쇠퇴의 대명사인 폐교가 지역 활성화의 거점으로 거듭납니다. 주민 여러분에게 이 공간을 되돌려 드립니다.

그럼, A = {완주군}, B = {미래발전}일 때, A∩B은 무엇이 될까? A∩B = {완주군민}이라고 말하고 싶다. 인정 많고 상상력이 풍부한 완주군민은 완주군 미래발전을 이끌 견인차다. 얼마 전 9만 5천 명을 돌파했으니, 이제 10만을 넘어 15만, 20만 명을 돌파할 것이다. 지금은 완주군민이 아니더라도 이사나 귀농·귀촌을 통해 얼마든지 완주군의 미래발전에 동참이 가능하다. 지역경제순환센터가 과거형이라면 20만 완주군민은 미래진행형이기 때문이다.

2015년 3월 20일 박성일 완주군수는 희망제작소와 업무협약을 체결했다. 20명의 완주군청 공무원과 희망제작소 연구원들이 함께 모여 토론하는 시간도 마련했다. 희망제작소 이원재 소장이 "완주군 참 대단하다"며 추켜세웠다. 그러자 송이목 마을회사팀장(지금은 농산유통팀장)이 "2015년 2월, 완주군 마을 공동체 전체를 점검해 보니 맛있는 마을처럼 시설물이 없는 마을을 제외한 61개 마을 중에서 실제로 활발하게 움직이지 않는 마을도 다수 있었습니다. 외부에서 완주군 마을 공동체를 벤치마킹하기 위해 방문하고 있는데 솔직히 부담스럽습니다"라며 속내를 얘기했다.

그러자 이원재 소장은 빙그레 웃으면서, "그런 데이터가 있다는 것 자체가 대단한 겁니다. 공동체 사업은 단기에 이루어지는 것이 아닙니다. 두고 보십시오. 마을들이 하나하나 더 발전할 겁니다. 잘 안 되고 있는 마을도 과정이라고 생각합니다. 다른 곳은 그런 시도조차 하지 않는 곳이 많습니다. 완주군의 도전과 시도, 그 자체만으로도 대단한 겁니다."

미션 3

완주군만의 지리서를 만들어라!

　2008년 3월 31일 완주군과 재단법인 희망제작소가 '완주군 희망 만들기 프로젝트' 사업의 성공적인 추진을 위한 포괄적 MOU를 체결했다. 완주군의 기획, 경제, 주민생활, 문화, 관광, 농업 등 각 분야에서 주민 중심의 발전정책을 연구·발굴하고 실현해 나가는 일에 협력하는 동시에 프로젝트 추진에 필요한 정보 및 자료 공유, 인적교류 등이 포함되어 있었다. 완주군은 군 단위에서 전국 최초로 민간연구기관인 희망제작소를 동반자로 삼았다. 시골 지역 지자체와 서울에 있는 시민단체가 손을 잡았으니 파격적이었다. 그만큼 완주군에는 변화와 개혁이 필요했다.

　희망제작소는 완주군에 '커뮤니티비즈니스 사업'을 제안했다. '조건을 찾아 움직이는 산업, 지역민과 괴리되는 산업, 환경을 오염시키는 산업'보다는 시간이 걸리더라도 '주민이 주체가 되는, 지역으로 수익이 환원되는, 자연과 조화를 이루는, 지역 자산이 경쟁력이 되는 게 낫다'고 보았던 것이다.

첫 시작은 지역 자산 기초 조사, '신新 택리지 사업'이었다. 택리지擇里志는 1751년 실학자 이중환이 저술한 인문지리서이다. 여기에는 각 지역별 풍습과 자원들이 당시의 현실에 맞게 기술되어 있다. 지리地理·생리生利·인심人心·산수山水 등 4가지를 기준으로 지역성과 입지조건을 설명하고 있다.

이 택리지에 '신新'이라는 새로운 이름을 붙였다. 지역 자원을 통한 지역 활성화와 공동체 회복을 통해 지속가능한 가치를 창출하기 위한 노력이었다. 그동안 지역을 잘살게 해보려는 연구용역은 수도 없이 많이 했지만 대부분 공무원 책상 속으로 사라졌다. 용역사도 비슷했고 내용도 비슷했기 때문이다.

어떤 마을에 큰 당산나무가 있다고 하자. 마을 사람들과 지역 공무원들 눈에는 그다지 소중하게 느껴지지 않았을 것이다. 오래전부터 계속 보아온 나무이기에 그 가치를 모르고 지나쳤기 때문이다. 그래서 신 택리지 사업은 희망제작소 연구원들이 직접 수행했다. 기간도 1년 이상 걸렸다. 덕분에 서울이 고향인 희망제작소 총각 연구원 3명은 완주군에 1년 넘게 있어야 했다. 마을 사람들도, 공무원도 크게 가치를 느끼지 못했던 지역 자원들이 희망제작소 연구원들 눈에는 다르게 보임으로써 가치를 인정받게 되었기 때문이다. 같은 자산도 다른 사람들이 보니 달리 보였던 것이다.

4단계 절차를 통해 꼼꼼하게 지역 자산 조사가 추진되었다.

Step 1   준비단계(자료수집, 일반현황 분석, 권역설정, 조사지 / 평가표 개발)
Step 2   관찰 조사(권역별 연구팀 설정, 마을 자연촌락 조사, 조사 내용 정리)
Step 3   자원필터링 및 지역 방향 구상(마을 / 자원 평가, 지역 방향 구상)
Step 4   사업 선정 및 계획서 작성

마을 자연촌락 조사를 위해서는 심층 대면 접촉이 필요했다. 마을에 있는 주민들과 1:1 면접은 필수였고, 조사 내용에 대한 피드백을 위해 권역팀별 회의(매일) 및 연구진간 회의(주간), 완주군과의 정기회의도 병행되었다.

완주군을 크게 3개 권역으로 나누었다. 첫째 산업정보권역(삼례읍, 봉동읍, 용진읍), 둘째 문화예술권역(상관면, 이서면, 소양면, 구이면), 셋째 자연자원권역(고산면, 화산면, 운주면, 동상면, 경천면)이었다. 자원 조사 과정은 조사권역의 설정, 현장 조사, 평가분석, 지역 활성화 방안 도출 후 결과 정리, 심층 조사를 통해 자원을 발굴·평가·분석, 지역 활성화 방안을 바탕으로 지역 자원 매트릭스를 작성하였다. 유형별 마을 자원은 자연 자원, 역사 자원, 문화 자원, 경제활동 자원, 공동체 자원으로 세분화했다.

마을 자원 조사지 세부항목은 아홉 가지였다. 마을 내 크고 작은 내용 모두를 망라했다. ① 일반현황, ② 마을의 변화모습, ③ 경제현황, ④ 공동체 생활(마을 조직 및 기타 모임, 마을 공동 행사와 세시풍속), ⑤ 자원 현황(자연 생태, 역사 문화, 경제 자원, 공동체 자원, 인적 자원, 잠재 자원), ⑥ 마을에서 주민 또는 외지인이 가장 많이 모이는 장소 및 시설과 그 이유, ⑦ 마을이 가지고 있는 현재의 문제 및 해결해야 할 사항, ⑧ 마을 개발 사업(기존·추진 예정 사업), ⑨ 마을에 대한 조사자의 전반적인 소견 등을 담으면 하나의 마을 정리지가 만들어졌다.

4가지 평가 기준(역사축, 자연축, 공간축, 활동축)에 의거 마을을 평가하였고, A부터 E까지 내부평가를 통해 등급을 결정했다(A : 5점, B : 4점, C : 3점, D : 2점, E : 1점). 또한 기능성, 경관성, 자연성, 순환성, 사회성, 시대성, 정신성으로 마을 자원을 평가했다.

완주군 482개 마을 중 291개 마을을 심층 조사했다. 445개 자원을 도출했고, 70여 개 사업을 발굴했다. 군 전체 사업과 지역별 사업으로 나뉘었고 사업 성격에 따라 군이 주도하는 사업과 민간단체 공모 및 위탁 사업으로 나누었다. 그렇게 완주군만의 지리서인 '신 택리지'가 만들어졌다.

미션 4
약속 프로젝트
농업·농촌 중장기 전략을 사수하라!

2008년도 전북 완주군은 65만 전주시를 둘러싸고 있는 인구 8만 6천 명의 작은 도농복합도시였다. 봉동읍을 중심으로 한 도시 지역은 인구가 증가하고 활력이 넘쳤지만 농촌 지역은 고령화, 소농 몰락, 마을 공동체 붕괴 등으로 인구가 감소하고 있었다. 도시는 팽창하고 농촌은 공동화되는 문제가 완주군의 딜레마였다.

2008년 9월 4일 완주군은 농업·농촌 발전 약속 프로젝트를 발표했다. "WTO, FTA 등 급변하는 국내외 농업 여건 속에서 위기에 빠진 농업을 희망으로 전환시킬 수 있도록 향후 5년간 매년 100억 원씩 모두 500억 원의 군비를 집중 투입한다"*는 내용이었다. 완주군 발전을 위해 가장 필요한 것이 무엇인가? 어떻게 하면 지역 경제에 활력을 불어넣고 지속적 발전이 가능한 구조를 만들 수 있을까? 이제까지 해왔던 방식으로는 큰 효과를 기대할 수 없었다. 뭔

---

* 2008년 신설된 농정기획단에서 지역 농업 중장기 혁신 전략의 일환으로 기획·입안하였다.

가 새롭고 혁신적인 접근이 필요했다. 그런 고민과 논의 끝에 나온 것이 '약속 프로젝트'였다.

5대 정책과제 12개 농정혁신 시책을 담았다. 생산혁신, 유통혁신, 경영회생, 활력증진, 복지혁신 분야별로 농업·농촌 발전 전략과 세부 시책을 담은 5개년 투자계획이었다.

농업·농촌 활성화를 위해 생산혁신에서부터 복지혁신에 이르기까지 전 분야를 망라했고, 추진기간(2009년~2013년) 또한 명확히 했다. 필요한 예산 전부를 군비로만 조달하겠다는 것도 눈길을

완주군 농업·농촌 발전 약속 프로젝트

5대 정책	정책 목표	세부혁신 시책
생산혁신	생산비 절감 친환경 전환	• 쌀, 한우 경쟁력 동반강화 대책 – 경종·축산 간 지역 자원 물질순환 시스템 구축
유통혁신	소농 3천농가 월 1백만 원 소득	• 전면적인 로컬푸드 실현 – 10년 내 지역 농산물 30% 이상 로컬푸드 유통
경영혁신	기금 100억 원 부채농가 지원	• 농가 경영 회생기금 조성, 경영실태 조사 – 무이자 경영 회생 자금 지원 및 맞춤 컨설팅 지원
활력증진	마을 회사 100개 농업 6차 산업화	• 도농교류 거점 마을 공동체 회사 100개소 육성 – 도농교류 거점 마을 육성 및 상호 연계
복지혁신	현장맞춤 복지 생산적 복지 지원	• 농촌 노인복지 종합 지원 시스템 구축 – 8272 생활민원 기동반 지원 – 생산적인 복지서비스(두레농장 등) 제공

〈자료〉 완주군 약속 프로젝트 추진 5개년 계획(2008년도)

끈다. 선택과 집중을 통해 완주군 지역 농업 경쟁력을 확보하고 지역 활력증진에 군정역량을 집중 투입하겠다는 결연한 의지였다. 실·과·소별로 역할을 나누었다. 생산혁신과 경영혁신은 농업기술센터에서, 유통혁신과 활력증진 분야는 농촌활력과에서 추진했다. 복지혁신은 둘로 나누어 '두레농장'은 농촌활력과로, '8272 생활민원 기동반 지원'은 민원봉사과로 역할을 구분했다.

2011년 7월 7일 마을회사육성담당으로 농촌활력호에 승선하니 약속 프로젝트가 진행되고 있었다. '약속 프로젝트, 농업·농촌 중장기 전략을 사수하라!', '도농교류 거점 마을 공동체 회사 100개소 육성'이 뽀빠이 공무원에게 내려진 미션이었다. 참으로 어려운 미션이었다. 월화수목금금금, 밤낮이 따로 없었고 주말과 휴일을 반납했다. 열정과 전문성, 체력을 바탕으로 3년 6개월 동안 묵묵히 미션을 수행했다.

덕분에 100여 개의 마을 공동체 회사와 10개의 두레농장이 생겼다. 65만 전주시민의 생활거점과 완주군 곳곳에 로컬푸드 직매장을 개설하였다. 현재 11개 직매장에 2,500여 소농, 고령농, 영세농이 참여하고 있다. 주민과 행정이 함께 손을 잡고 '농업·농촌 발전 약속 프로젝트'를 추진한 결과이다.

미션 5

전국 최초
최고의 농촌활력과를 탄생시켜라!

2010년 7월 9일 완주군은 민선 5기 조직 개편안을 발표했다. 1실 10과 2사업단에서 1실 12과로 통·폐합하는 조직개편안이었다. 눈에 띄는 것은 '농촌활력과' 신설이었다. 농정 본연의 업무를 전담하는 농업기술센터 내의 3개 과(친환경농업축산과, 자원개발과, 기술보급과)를 그대로 놔둔 채 본청에 농촌을 전담 디자인하는 농촌활력과를 신설한 것은 파격적이었으며 전례가 없는 일이었다.

농촌활력과 부서 명칭을 정하는 것도 고민이 많았다. 다른 지역 부서 이름도 살펴보았지만 마땅한 이름이 없었다. 농촌진흥과, 농촌회생과, 농촌활력과 등 여러 이름들이 거론되었다. 어려운 농촌에 활력을 불어넣었으면 좋겠다는 의미를 담아 최종 농촌활력과로 결정하였다. 마을회사육성담당, 로컬푸드담당, 도농순환담당, 지역 일자리담당(사회연대경제담당으로 명칭 변경), 커뮤니티비즈니스담당으로 세분화되었다. 하지만 명칭도 낯설고 생소했다.

완주군청 내에서 가장 나이가 젊은 이성호 과장(지금은 전북도청 미래산업과장)에게 농촌활력과를 맡겼고 경험이 풍부한 담당들과 8~9급 젊은 공무원들이 포진되었다. 인사발령이 나자 완주군청 각 실·과·소에서 한바탕 난리가 났다. 완주군청에서 일 좀 한다는 젊은 직원들이 모두 농촌활력과로 발령난 까닭이었다. 그리고 2년이 넘는 기간 동안 농촌활력과는 인사이동에 있어 제외되었다. 시간을 충분히 줄 터이니 소신껏 일을 해보라는 의미였다. 나는 2011년 7월 7일, 마을회사육성담당으로 농촌활력호에 승선했다.

전국 최초로 농촌활력과를 만들었지만 직원들 대부분이 농업·농촌 분야 경험이 부족했고 전문성도 떨어졌다. 다행히 주변에 임경수 박사(전 완주CB센터장), 정천섭(전 지역 파트너 대표), 안대성(완주 로컬푸드협동조합 이사장), 나영삼(전 로컬푸드담당) 씨와 같은 현장 경험이 풍부한 전문가들이 있었다. 중간지원조직과의 협업이 필요했지만 처음에는 전문가들을 보고 배워서 흉내 내는 수준이었다. 그러나 곧 전문가의 노하우를 빠르게 습득해서 현장에 접목하기 시작했다. 주민들의 의견을 수렴하여 문제점을 개선했다. 결과적으로 전문가들도 인정하는 최고의 현장 활동가로 거듭났다. 안대성 대표는 완주군에 벤치마킹 오는 사람들에게 자신 있게 이야기한다. 특히 행정 공무원들이 올 때는 완주군 공무원 이야기를 꼭 덧붙인다.

"완주 로컬푸드 성공은 완주군청 공무원들 덕분입니다. 강평석 팀장은 밤낮을 가리지 않고 마을을 돌아다녔고 현장에서 주민들의 의견을 수렴해서 마을 회사 육성 업무에 반영했습니다. 청와대에 가서도 소신껏 완주군 사례를 이야기했습니다. 오상혁 주무관은 대한민국 로컬푸드 분야에서 최고의 실력자입니다. 공무원들이 51%를 해주었고, 그런 공무원들이 있었기에 오늘날 완주 로컬푸드가 가능했습니다."

농촌활력과 직원 모두 밤낮을 가리지 않고 열심히 노력했다. 그러자 조금씩 성과가 나타나기 시작했다. 마을 공동체 사업을 통해 마을 활성화의 자신감이 생겨났고, 로컬푸드는 소농중심의 지역농정 혁신사례로 주목을 받았다. 타 지역 벤치마킹이 활성화되었고, 중앙정부 정책으로도 반영되었다. 완주군 공동체 사업은 마을기업과 농어촌 공동체 회사로 발전하였다.

2012년이 되자 완주군 농촌 활력 사업은 대한민국을 강타했다. 많은 지자체로부터 문의가 쇄도했고 벤치마킹으로 이어졌다. 우수사례로 인용되어 토론회와 간담회에도 초청되었다. 박근혜 대통령이 직접 주재한 유통전문가 간담회(2013년 3월 13일)에는 완주군 로컬푸드 직매장 사례가 소개되었고, 용진농협 정지기 전무가 발표자로 참석했다. 농림축산식품부 대통령 업무보고(2013년 3월 22일)에서는 완주군에서 내가 토론자로 참석하여 완주군 지역 공동체 활성화 사례를 대통령에게 직접 보고했다.

한국 매니페스토 실천본부가 주관한 '전국 기초단체장 매니페스토 경진대회'에서도 좋은 성적을 거뒀다. 2010년도 기초단체장 선거공약 평가 최우수상, 2011년도 일자리 공약(지속가능한 농촌형 일자리 창출) 최우수상, 2012년도 공약 이행 분야(식食과 농農의 거리를 좁히는 로컬푸드 활성화) 최우수상을 수상했다.

2013년도 '전국 기초단체장 매니페스토 경진대회' 발표주제는 '지역 자원을 활용한 마을 공동체 활성화'였고 발표는 당시 담당팀장인 내가 했다. 최우수상을 수상함으로써, 완주군은 전국 기초단체장 매니페스토 경진대회에서 4년 연속 최우수상을 받은 지역이 되었다. 그 중심에 농촌활력과가 있었다. 완주군 농촌활력과는 명실상부한 대한민국 최고의 부서가 되었다. 2015년 1월 1일 농촌활력과는 농업농촌정책과로, 2016년 8월 8일 농업농촌식품과로 통합·계승되었다.

2016년 7월 20일 서울 시립대에서 '전국 기초단체장 매니페스토 우수사례 경진대회'가 열렸다. 완주군은 사회적 경제 분야와 소통 분야에 참가했다. 사회적 경제 분야 발표주제는 '농토피아 완주, 공공경제플랫폼', 발표는 담당과장인 내가 했다. 박성일 완주군수는 사회적 경제 분야(군郡 지역)에서 최우수상을 받았다.

미션 6
체계적으로 농업·농촌 정책을 추진하라!

농업·농촌의 지속가능성을 높이는 문제가 가장 시급하고 절실했다. 체계적인 농업·농촌 정책 추진을 통해 지역에 활력을 불어넣기 위해 '마을 회사 100개소 육성, 전면적인 로컬푸드 실현, 도농 간 순환, 커뮤니티비즈니스 촉진'을 통해 농촌형 일자리를 만들어야만 했다.

마을 회사 육성 : 옛말에 '부자지간에도 동업은 하지 말라'고 했다. 그만큼 동업으로 시작해서 좋은 관계로 끝맺음 하는 것은 어렵다. 완주군에서 추진하고 있는 공동체 회사* 는 마을 사람들이 서로 동업하는 거나 다름없었다. 그럼에도 불구하고 마을 공동체 회사를 고집하고 있다. 공동체를 복원하지 않고서는 농촌 문제를 해결할 수 없다고 생각했다. 그동안 농촌에 지원되는 보조금이 힘 있는 소수에게 혜택이 집중되었던 만큼, 20년 뒤에도 유지되는 공동체를

---
* 완주군표 공동체 회사 개념, 추진방향, 단계별 가이드라인은 부록에 따로 정리하였다.

많이 만들고 육성하면 혜택이 주민들에게 고루 돌아갈 것이라 판단했다.

마을 단위에서 다양한 소득과 일자리를 늘리고 경영마인드를 확산시키기 위한 새로운 농촌 활력 정책 사업으로 마을 공동체 회사 100개 육성정책*을 추진하였다. 그동안 중앙정부에서 획일적으로 추진해 왔던 마을 사업 지원체계를 탈피하여 완주군표 단계별 종합육성 시스템을 구축하였다. 이제는 사업 아이템도 주민들이 정하고 조직 형태도 주민들이 결정한다.

완주군은 마을 공동체를 다음과 같이 육성하고 있다. 발굴(1단계), 기반구축(2단계), 육성(3단계), 자립(4단계)의 4단계로 추진한다.

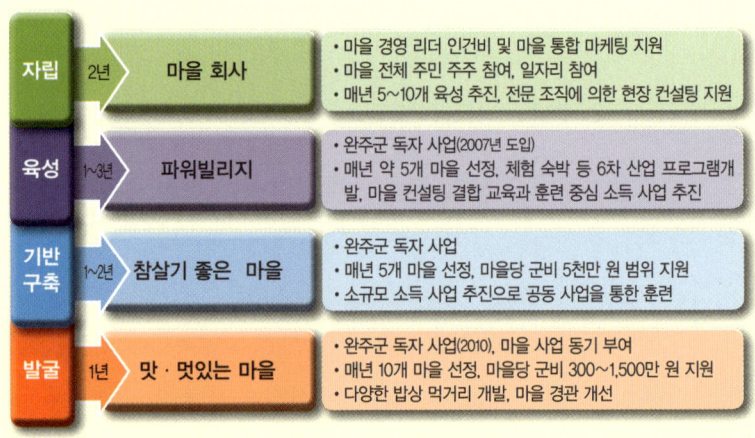

* 민선 5기 완주군 공약 사업(5대 분야, 56개 사업 중 하나)으로 추진하였다.

주민, 행정, 전문가가 거버넌스 체계구축을 통해 맞춤형으로 현장컨설팅이 이루어진다. 짧게는 4년 6개월, 길게는 8년 동안 공동체 사업이 진행된다. 마을 공동체를 복원하고 마을 공동체 사업을 체계적으로 멀리 길게 추진하기에 충분한 시간이다.

> 1단계 맛있는 마을 사업과 멋있는 마을 사업을 통해 동기부여와 아이템을 찾는다.
> 2단계 참살기 좋은 마을 사업으로 생산시설을 갖춘다. 마을 규약과 조직화가 만들어진다. 대표도 뽑고 역할도 정한다. 법인으로 전환하고 마을 주민들의 출자도 이루어진다.
> 3단계 파워빌리지 사업은 체험, 숙박 등 6차 산업을 위한 프로그램 개발과 마케팅이 보강된다. 3단계까지는 100% 완주군비로만 추진된다. 마을 역량을 강화하는 시기다.
> 4단계 마을 회사로 국·도비 사업과 연계하여 사업을 추진하고 자립을 유도한다.

마을 공동체 사업을 통합하고 체계적으로 운영하니 마을 주민들이 가장 좋아했다. 종전에는 마을 대표가 다섯 개 부서, 열 명 내외의 공무원을 만나야 공동체 사업 추진이 가능했다. 개성이 다른 공무원들을 만나는 것도 힘들었는데, 조금 친해지는가 싶으면 다른 부서로 발령이 났다. 파워빌리지(기획실), 참살기 좋은 마을(개발사업단), 농어촌 체험 휴양 마을(농업기술센터), 정보화 마을(행정지원과) 사업이 농촌활력과로 이관됐고, 맛있는 마을과 멋있는 마을이 새로 생겨서 기초부터 자립이 가능한 완주군표 마을 공동체 사업이 완성되었다. 마을 대표는 농촌활력과 공무원만 만나면 모든 것이 해결되었다. 그러자 20여 개에 불과했던 마을 공동체가 100여 개소로 늘어났다.

로컬푸드 활성화 : 완주군이 로컬푸드에 주목하고 추진하게 된 것은 의외로 단순했다. 완주군을 둘러싸고 있는 65만 도시소비자와 완주군 소농·고령농·가족농을 연결하여 건강하고 안심할 수 있는 농산물을 정직하게 생산해서 소비자들에게 직거래로 공급해보자는 것이었다. 즉, 먹을거리에 대한 생산자와 소비자 사이의 이동거리를 최대한 줄임으로써 농민과 소비자에게 이익이 돌아가도록 하는데 있었다. 지역별, 시민단체 중심의 로컬푸드 운동은 간헐적으로 있었지만 정책목표로 삼고 지역 활성화와 연계시킨 것은 완주군이 최초였다.*

구체적인 실천방안으로 건강밥상꾸러미 사업, 로컬푸드 직매장, 농가레스토랑, 공공학교급식을 통해 완주군 소농·고령농·가족농의 다품종 소량생산 농산물을 제공하면 도시와 농촌 간의 실질적인 연대와 상생이 가능하고 마을 기업·협동조합 등 사회적 협동경제 기반이 구축될 것으로 판단했다.

'건강밥상꾸러미 사업'으로 10여 개의 농산품을 꾸러미로 만들

---

*지역 농업 두 트랙 전략, 로컬푸드 통합 전략 수립, 출하과정 등은 부록에 따로 정리하였다.

건강밥상꾸러미 사업

로컬푸드 직매장 운영

공공학교급식 추진

어 도시소비자에게 택배로 공급해 주었다. '로컬푸드 1일 유통 직매장'은 '당일수확 · 당일판매, 가격은 농가가 결정한다'는 원칙을 바탕으로 지역소농 · 고령농 · 가족농이 생산한 농산물, 공동체 가공상품을 소비자에게 직거래를 통해 제공하고 있다.

건강밥상꾸러미 사업 추진, 로컬푸드 직매장 운영에 더하여 로컬푸드 학교급식 시행으로 로컬푸드 소비시장을 확대해 나가고 있다. 2015년 4월부터는 완주군 관내 82개교, 1만 2천 명 학생들에게 로컬푸드 학교급식(현물공급)을 추진하고 있다.
초록우산 어린이재단과 한겨레신문은 '완주군 학교급식(현물공급) 사례'를 전국 지방자치단체 아동정책공약 우수사례로 선정 · 소개했다.

커뮤니티비즈니스 : 복지, 교육, 환경, 육아, 다문화와 같이 마을을 벗어나 지역 단위에서 발생하는 공통의 문제를 극복하고 소득과 일자리를 창출하기 위한 노력은 커뮤니티비즈니스로 접근했다. 지난 2010년부터 'CB창업공동체'라는 이름으로 제빵, 교육, 문화공연, 아웃도어캠프, 장애인카페, 공예공방, 염색 등 농 · 가공 분야부터 사회 · 서비스 분야에 이르기까지 다양한 영역에서 사업을 추진하였다.

사업 특성에 따른 분류(공익형과 소득형), 공동체 역량과 수준에 따른 단계별 분류(예비 CB창업 공동체와 CB창업 공동체)에 따라 각

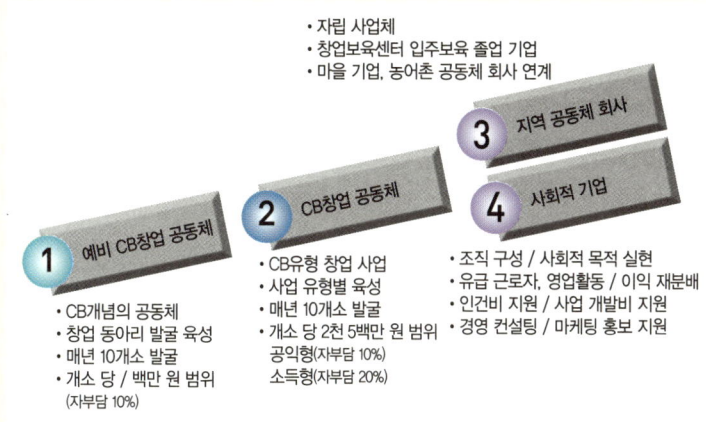

각 특성에 맞고 차별성 있게 육성되었고, 지금 40여 개의 공동체가 활동하고 있다.

그동안 완주군 커뮤니티비즈니스는 수많은 사람들이 만들어 왔다. 마을 주민들과 중간지원조직, 행정, 그리고 여러 분야의 전문가들이 서로서로 돕고 협력했다. "타인과 함께 타인을 통해서 협력해야 비로소 위대한 것이 탄생한다"는 어느 작가(생텍쥐베리)의 말처럼, 서로 마음과 힘을 하나로 합하면 생각지 못한 일들이 펼쳐지는 것을 주민 모두가 경험을 통해 배워가고 있다.

도농순환 촉진 : 사람이든 사회든 순환하지 못하면 병이 생긴다. 오늘날 우리 농촌과 도시가 그러하다. 도시는 과도한 집중으로 지나치게 비대해져 자정능력을 상실한 반면, 농촌은 소득불안정, 인

구감소, 초고령화로 지역 사회 유지조차 어려워지고 있다.

완주군의 경우도 농산촌 지역의 공동화 현상은 매우 심각하다. 하지만 단순한 사람 수 채우기식 귀농·귀촌이 아니라 인적, 물적 교류를 통해 순환하는 미래를 꿈꾼다. 그래서 우리는 다른 지자체에 없는 새로운 정책을 만들고 정책실현자로 귀농·귀촌자를 참여시켜 지역을 활성화해가고 있다.

우리군의 차별화된 귀촌 정책 초점은 다양한 분야에서 농촌형 사회적 일자리를 만들고 소규모 농산물(상품)도 팔 수 있는 로컬푸드 직거래시장 정착에 있다. 이른바 귀농·귀촌자로 하여금 투잡이 가능한 환경을 제공하자는 것이다.

예비 귀농·귀촌인을 위해 주거시설을 확충하고 있다. 예비 귀농·귀촌인이 완주군에 체류하면서 지역을 이해할 수 있도록 '체류형 농업창업지원센터(주택, 실습농장, 교육장)'를 조성하고 있으며, '귀농인의 집'도 30개소(기존 8개소 + 추가 22개소)로 대폭 늘려 나가고 있다.

초보 귀농·귀촌인을 위한 '읍면별 행복멘토단'을 운영하고 있다. 행복멘토단은 14명(13개 읍면별로 1명 + 청년 멘토 1명)으로 초보 귀농·귀촌인에게 영농기술 및 농촌생활 전반에 대한 맞춤형 상담 및 지도를 해주고 있다.

완주군 귀농·귀촌 지원정책으로 주택신축비, 농지매입비, 자녀

학자금, 출산장려금, 이사비 등 총 여섯 가지를 지원해 주고 있는데 최대 1천 150만 원을 지원받을 수 있다.

또한 주민과 귀농·귀촌인을 위한 화합 프로그램을 집중 추진하고 있다. 지역 주민과 귀농·귀촌인이 서로 이해하고 어울리는 것이 매우 중요하기 때문이다.

나는야 뽀빠이 공무원

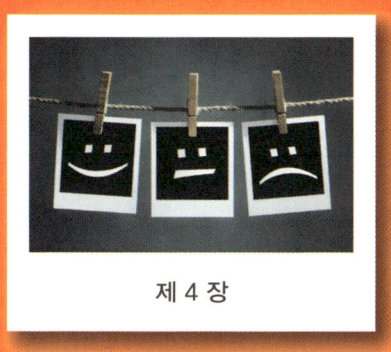

제 4 장

대한민국 농촌 활력 수도
로컬푸드 1번지 완주

1. 주민이 주인인 공동체 회사 안덕 파워빌리지, 마더쿠키
2. 농촌 노인에게 건강과 소득 · 일자리를 제공하는 두레농장
3. 가공으로 농산물 가치를 배가시키는 로컬푸드 거점가공센터
4. 생산자와 소비자가 직거래를 통해 상생하는 곳, 완주군 로컬푸드 직매장
5. 어릴 적 먹던 집밥 같은 건강한 로컬푸드 음식으로 가득한 농가레스토랑
6. 잡상인이 없는 완주군 슬로푸드 대표 축제 완주 와일드푸드 축제

01
주민이 주인인 공동체 회사
안덕 파워빌리지, 마더쿠키

♣ 건강 힐링 체험휴양 마을 '안덕 파워빌리지'

건강은 현대인에게 최대 관심사 중 하나이다. 오죽했으면 '구구팔팔이삼사'란 말이 나왔을까? '구십구세까지 팔팔하게 살다가 이틀 앓고 삼일만에 사망한다'라는 의미다. 모든 사람들의 로망이 아닐까? 그러려면 가끔은 일상에서 벗어나 편하게 쉬면서 재충전도 하고 몸과 마음을 치유할 수 있어야 한다. 완주군에는 '건강과 힐링'을 콘셉트로 마을 공동체 사업을 하는 곳이 있다. 완주군 구이면 모악산 자락에 자리 잡고 있는 안덕마을이다. 이곳은 주민이 주인인 '완주군 마을 공동체 회사 1호'인 곳이기도 하다.

안덕마을은 전북 완주군 구이면 안덕리 4개 마을(원안덕, 미치, 신기, 장파)을 통합한 대표마을 이름이다. 1940년까지 금광이 있는 마을로 알려졌으나 고령화와 인구감소로 2007년도에는 성장이 멈

춘 곳으로 바뀌었다.

'우리 마을에 희망이 없다고? 무슨 소리야! 울창한 숲과 맑은 공기는 우리 마을의 자산이야. 상업주의에 휘둘리지 않는 고향체험 마을을 만들어 보자!' 마을 주민들이 마을의 미래에 대해 고민하기 시작하였다. 그렇게 싹트기 시작한 농촌체험 마을 만들기는 2007년도 '완주군 마을 만들기 사업'인 '파워빌리지'에 선정되면서 본격적으로 시작되었다. 마을 주민들도 행동을 함께 했다. 할머니는 손자에게 줄 쌈짓돈을 내어주었고, 할아버지는 아들 장가비용을 보탰다. 그렇게 주민이 십시일반으로 모은 돈이 1억 5천만 원이 되었다. 그렇게 주민주도형 마을 공동체 회사 '안덕파워영농조합법인'이 탄생했다.

2016년 3월 5일 안덕마을 대강당에서 제8차 안덕파워영농조합법인 정기총회가 열렸다. 80여 명의 조합원이 유영배 대표로부터 2015년도 안덕마을 공동체 사업 보고와 2016년도 사업 계획을 들었다. 2009년도 제1차 정기총회는 마땅한 공간이 없어서 구이면사무소 2층 회의실을 빌려서 열었는데, 이제는 마을 내에 반듯한 다목적 체험관을 마련했다.

체험과 숙박이 주 매출인 안덕마을은 2015년 6월 메르스 발병으로 매출이 급감했다. 7월까지 숙박예약이 완료되었는데 줄줄이 예약이 취소됐기 때문이다. 전화 받는 것이 두려울 정도였다. 다행히 하반기에 체험객이 급증했고 2015년 한 해 6억 9천8백만 원의 매출을 올렸다.

정기총회 중에서 마을발전기금 전달식과 감사장 수여식이 눈길을 끌었다. 안덕마을 공동체 회사가 마을 공동체 사업으로 번 돈의 일부(5,010,000원)를 4개 마을(원안덕, 미치, 신기, 장파) 발전을 위해 써 달라고 내놓았다. 유영배 대표도 4개 마을 이장님들도 표정이 환하다. 그리고 장수어르신 다섯 분에게는 감사장과 장수수당을 드렸다. 감사장 문구 하나하나가 분위기를 숙연하게 만들었다.

'살갗은 주름 잡히고 걸음걸이 느려졌어도 마을 발전의 뒷심되시고 묵묵히 지켜봐 주신 모습 감사합니다. 마을 발전의 희망을 몸으로 보여 주신 어르신께 마음을 모아 건강과 장수를 기원합니다.'

8년의 시간이 흐르면서 안덕마을 공동체 사업이 제법 자리를 잡아가는 것 같아 흐뭇하다. 더불어 함께 행복한 마을, 안덕마을도, 마을 어르신들도 오래오래 건강했으면 좋겠다.

안덕마을은 전주에서 20여 분 거리에 있어 접근성도 좋고 다양한 체험과 숙박이 가능하며, 토속한증막과 단체 연수, 교육이 가능한 다목적 교육장도 갖추고 있다. 유기농 식사가 가능한 채식 뷔페를 운영하고 있으며, 안덕마을과 모악산을 연결하는 녹색체험 길도 만들어져 있다.

일상에 지친 도시민이 건강과 힐링을 할 수 있는 곳, 안덕마을이다. 목욕과 찜질, 쑥뜸을 뜨면서 그간 쌓인 피로를 풀 수 있다. 농민들이 직접 재배한 상추, 깻잎, 고추, 가지와 산에서 자란 멜라초, 고사리, 취나물 등으로 만든 채식 뷔페를 즐길 수 있으며, 황토방 숙소에서 편안한 잠을 잘 수 있다. 이른 아침에는 산책을 겸하여 마을 주변 둘레길에서 등산을 할 수도 있다. 편하게 쉬면서 몸과 마음을 치유하기에는 안성맞춤인 곳이다.

안덕마을을 방문한 사람들은 이구동성으로 "시골 고향 마을에 온 것처럼 포근함을 느낄 수 있어 스트레스를 씻을 수 있고 무공해 웰빙 먹거리가 있어서 좋다"라고 이야기 한다.

**안덕파워영농조합법인
(안덕마을)**
http://www.poweranduk.com

전북 완주군 구이면 장파길 72(안덕리 95)
문의전화 063) 227-1000, 221-4065

♣ 2013년도 전국 최우수 마을 기업(농촌 분야) '마더쿠키'

"마쩜바", "마쩜바" 용진농협 로컬푸드 직매장 한 코너에서 혀 짧은 소리가 들린다. 까무잡잡한 얼굴, 베트남에서 시집온 다문화 이주여성 '부티란'이 마더쿠키 빵을 맛보라며 권하고 있다. 부티란은 마을 기업인 마더쿠키에서 3년째 일하고 있다.

다문화 이주여성과 함께 지역에서 생산한 원료로 빵과 쿠키를 만드는 기업, 마더쿠키다.

마더쿠키는 2009년도 희망근로 사업으로 출발했다. 2010년 완주군 커뮤니티비즈니스 사업인 '지역 공동체 회사'로 이어졌으며 2011년도에는 영농조합법인으로 재탄생되었다.

처음에는 완주군 농업기술센터에서 셋방살이를 시작했다. 농식품 가공지원센터 1층 공간을 빌려서 썼다. 그렇게 어렵사리 공간을 마련해서 제품을 만들었지만 판로가 문제였다. 강정례 사장은 빵과 쿠키를 들고 신발이 닳도록 완주군 유치원과 어린이집, 초등학교를 쫓아다녔다. 소풍이나 운동회는 말할 것도 없었다. 하지만 월 4백만 원, 연 5천만 원 매출에 그쳤다. 죽기 살기로 뛰어다녔지만 재료비, 인건비를 빼고 나면 남는 것이 없었고, 신제품 개발은 딴 나라 얘기였다. 당장 내일도 기약할 수가 없었다. 하지만 좌절하지 않고 좋은 재료로 열심히 빵과 쿠키를 만들었다. '하늘은 스스로 돕는 자를 돕는다'고 했던가? 2012년 4월, 용진농협 로컬푸드 직매장이 개장했고, 마더쿠키는 직매장 내에 점포를 얻게 되었다. 소중한 가게, 하지만 1평도 안 되는 공간이었다. 그게 마더쿠키에게는 터닝 포인트가 되었다. 좋은 재료로 만든 건강한 빵이라는 입소문이 나면서 빵이 불티나듯 팔리기 시작했다.

마더쿠키 빵만 찾는 마니아 고객도 생겼고, 직매장 1평 매장이 대기업 빵집 30평 매장을 이기는 기적도 일어났다. 전주역 인근에 대기업 빵집 체인점이 있다. 매장규모 30평, 점장이 있고 두 명의 아르바이트 학생을 쓴다. 용진 직매장 마더쿠키 매장은 1평도 되지 않고 점장도 없고 아르바이트생도 없다. 가끔 부티란이 나와서 빵을 시식해 보라고 권유할 뿐이다. 전주역 인근 대기업 빵집 한 달 매출은 2천만 원, 마더쿠키 용진 직매장 매출은 3천만 원이다. 기적 같은 일이 아닌가? '마더쿠키 빵값이 저렴하겠지?' 그렇지 않다. 대부분 더 비싸다. 50% 더 비싼 품목도 있다.

용진농협 단골 고객 중에 대장암 수술을 받으신 분이 계셨다. 빵을 참 좋아했는데 수술한 뒤로 빵만 먹으면 뱃속이 뒤틀렸다. 어느 날 우연히 마더쿠키 빵을 시식했는데 속이 편안해서 그 뒤부터는 마더쿠키 빵만 고집하신다. 마더쿠키 빵은 무방부제, 무항생제를 사용하며, 좋은 재료와 정직한 마음으로 빵을 만든 게 인기비결이었다.

2012년도에 안전행정부 마을 기업에 선정되었고, 2013년도에는 전국 마을 기업 콘테스트(농촌 분야)에서 최우수상을 받았다. 마더쿠키가 한 단계 더 도약하는 발판이 되었다.

2014년도에는 완주군 봉동읍 추동마을에 새집을 지어 이사했다. 추동마을에서 마더쿠키에 2천만 원을 출자해 주었다. 파격적인 일이었다. 아무런 조건 없이 마더쿠키를 도와준 마을 어르신들의 고마움을 알기에 빵과 쿠키에 사용하는 재료는 마을에서 생산된 것을 최우선으로 사용한다. 제품 개발을 하면 가장 먼저 마을 어르신들에게 갖다드리고 재료 손질도 부탁하고 있다.

어르신들은 용돈이 생겨서 좋고 마더쿠키는 믿고 맡길 수 있어서 좋다. 마을 주민과 마을 기업이 서로 도우면서 상생하고 있다. 12명의 일자리를 창출했고 제품 수도 17가지로 늘어났다. 월 매출은 5천만 원 내외, 내일을 기약할 수 없었던 공동체가 대한민국을 대표하는 마을 기업으로 거듭났으니 기적 같은 일이다. 완주군이기에 가능한 일이었다. 이제 완주군에서 빵을 만드는 공동체는 '마더쿠키, 이웃린, 줌마뜨레' 세 개소로 늘어났다.

푸드인 마더쿠키
http://마더쿠키.kr

전북 완주군 봉동읍 추동로 51-5(은하리 794)
문의전화 063) 262-3715

02
농촌 노인에게 건강과 소득·일자리를 제공하는 두레농장

어머니와 이런저런 얘기를 나누다가 뜬금없는 질문을 했다. 어머니는 1939년생이시니 올해 연세가 77세이시다.

"어머니! 지금 당장 가장 중요하다고 생각하는 것, 세 가지만 말씀해 보세요?"
"그게 어디 쉽간디. 굳이 순위를 정한다믄, 첫째 건강, 둘째 돈, 셋째 친구지."
"만약에 일자리가 생긴다면 어떠시겠어요?"
"그거야 말할 것도 없이 좋지? 근디, 우리 같은 늙은이에게 맞는 일자리가 어디 있간디?"

농촌 노인들은 공통적으로 4가지 고통苦痛을 안고 지낸다. 고독, 질병, 빈곤, 역할 상실이다. 농민신문 기사(2012년 1월 4일)를 보면 농촌 노인들에게 왜 일자리가 필요한지를 알 수 있다.

"거대한 노인 사회로 변해 가는 농촌에 대한 가장 좋은 대책은 '생산적 복지' 혜택을 늘리는 것이다. 즉, 고령의 농촌 주민들이 농사일을 계속하면서 부업활동에도 참여할 수 있도록 주선하는 것이다. 농촌 노인들 중 상당수는 일할 수 있을 때까지 일하기를 희망한다. 그것이 안정적인 생활을 위해 중요할 뿐 아니라 보람과 자부심 제고로 건강에도 좋다는 사실을 잘 알기 때문이다."

농촌 노인들도 일자리를 원하고 있다는 것을 보여주는 기사다.

그러나 현실은 어떠한가? 노인들은 일자리를 원하지만 그들에게 제공되는 변변한 일자리는 찾아보기 어렵다. 특히 도시에서 일자리를 찾기는 더욱 어렵다. 전국에 폐지를 줍는 노인이 200만 명이 넘는다. 그들은 지금도 동네 주택가 골목이나 대로변 등에서 교통사고에 무방비로 노출된 채 폐지를 줍고 있다.

두레농장 사업은 '농촌 노인들의 4고苦를 조금이나마 해소할 수 있는 방법은 무엇이 있을까? 라는 고민에서 출발했다. 농촌 마을에 일터를 만들고 노인들이 함께 모여서 일하고 수다 떨고 식사도 함께 하면 좋겠다는 생각을 했다. 그런 공간이 '두레농장'이다. 지역 사회 노인, 귀농·귀촌자, 지자체가 협력해서 만드는 새로운 형태의 일자리 모델로, 공동 생산과 공동 식생활을 통해 소득도 생기고 건강도 좋아지는 일석이조의 효과가 발생했다.

완주군에서 2009년부터 매년 2개소를 공모했다. 부지를 마을에서 해결하면 일터를 짓는데 필요한 기반시설과 운영비 전액을 군에서 지원했다. 현재 완주군에는 그런 두레농장이 10개소가 있다. 딸기, 수박, 방울토마토, 표고버섯, 참나물, 한우, 농가레스토랑 등 생산품목이 다양하다. 생산품목은 마을에서 결정한다.

공동체 사업의 경우 지원이 단발성으로 그치는 경우가 대부분이다. 하지만 두레농장은 5차 연도까지 지원한다. 1차 연도에는 기반시설(1억 5천만 원)과 운영비(5천만 원)를 지원하고, 2차 연도부터 5차 연도까지는 운영비(5천, 4천, 3천, 2천만 원)를 지원해 준다. 그리고 5년 후 자립을 유도한다.

두레농장 사업의 가장 큰 특징은 바로 공동체 회복에 있다. 두레농장 사업의 주역이 노인과 귀농·귀촌자여서, 스스로 사업을 이끌어 가는 주체가 되도록 서로 협의를 통해 스스로가 스스로를 돕는 호혜관계가 만들어지도록 유도했다. 공공근로와 같이 단순히 노임을 주기 위한 일자리가 아니라 사회적 관계를 회복하는 데 목표를 두었다. '결손 가정 학생과 컴퓨터', '며느리도 꼼짝 못혀' 사례는 사회적 관계회복의 대표적인 사례다.

♣ 결손 가정 학생과 컴퓨터

김 씨 할머니는 손자와 살고 있었다. 할머니는 손자를 끔찍이 아꼈지만 집에 잘 들어오지 않았고 겉돌았다. 어느 날 집에 온 손자에게 할머니가 물었다.

"얘야! 집에 왜 안 들어오냐? 무슨 일 있냐?"

"우리 집에는 컴퓨터가 없잖아요."

손자가 나지막하게 대답했다. 할머니는 당장 컴퓨터를 장만했다. 두레농장에서 받은 월급을 통장에 모아두었는데 일부를 사용한 것이다. 할머니의 표정도 밝아졌다. 손자가 집에 잘 들어오는 착한 학생으로 변했기 때문이다.

♣ 며느리도 꼼짝 못혀

이 씨 할머니는 완주군 1호 두레농장에서 일을 하신다. 1년을 결산하고 마을 잔치가 있던 날, 농장을 찾은 군수의 손을 꼭 잡았다. "요즘처럼 제가 살 맛 나는 때가 없어요. 우리 같은 늙은이가 할 일이 있다는 게 이렇게 좋을 수 없어요. 일당 3만 5천 원 꼬박꼬박 모아 얼마 전 손주 녀석 등록금에 보탰더니 아들, 며느리, 손자녀석이 저를 대하는 태도가 싹 달라졌어요."

이 씨 할머니는 이제 더 이상 뒷방 늙은이가 아니라, 가족 구성원으로 당당히 대접을 받고 있다. 두레농장이 이 씨 할머니에게 가져다 준 선물이다.

♣ 이제는 나도 말짱하당게!

박 씨 할머니는 10년 전에 중풍으로 반신불수가 되었다. 동네친구들이 종종 찾아와서 말동무를 해주었는데, 마을에 두레농장이 생기자 친구들이 모두 두레농장으로 갔다. '친구 따라 강남 간다'는

두레농장에서 일하고 계시는 어르신들 모습

말처럼 불편한 몸을 이끌고 두레농장에 나갔고, 조금씩 일을 따라 했다. 지금은 완치되었고 누구보다 열심히 일을 하신다. '병원보다 친구와 일터가 필요하다'는 것을 일깨워 주는 사례다.

2014년도 지역 발전위원회에서 전국 시역 발전 사업을 평가했다. '완주군 두레농장 상생 네트워크 사업'이 최우수 사례로 선정되었고, 완주군은 대통령 기관표창을 받았다. 완주군 두레농장이 농촌 노인복지형으로서의 새로운 모델을 제시했다는 평가를 받았기에 가능했다.

03

가공으로 농산물 가치를 배가시키는 로컬푸드 거점가공센터

완주 로컬푸드를 지탱하는 힘은 좋은 제품에서 나온다. 그리고 그 제품은 크게 두 종류다. 첫째는 정직한 농민의 마음을 담은 건강한 농산물이고, 둘째는 다양한 가공상품들이다. 두부, 된장, 고추장, 청국장, 간장, 김부각, 부스개 등과 같은 가공상품은 마을 공동체 회사를 통해 공급했다. 하지만 마을 공동체를 통해 다양한 종류의 가공상품을 공급하는 데는 한계가 있었고, 소비자의 다양한 욕구를 충족시킬 수가 없었다.

'솜씨 좋은 지역 주민들이 참여해서 소규모 공동체(5명 내외)를 만들고 다양한 가공상품을 만들 수 있도록 공간을 만들어 체계적으로 가공교육을 시키자. 필요한 가공설비는 대부분 고가여서 지역 주민들이 살 수 없으니 행정에서 구입하여 주민들이 함께 나누어서 쓰도록 하자. 그런 가공센터를 거점별로 만들어서 지역 주민

다양하고 좋은 제품은 정성과 끊임없는 교육의 힘에서 나온다.

들이 불편함 없이 사용할 수 있다면 주민도 좋고 소비자에게도 좋지 않을까? 그것이 거점가공센터의 출발점이었다.

2012년 9월 고산면 삼기리 지역경제순환센터 인근에 거점가공센터가 생겼다. 공장 495m², 폐수배출시설 48.36m² 규모였다. 밑반찬 가공실, 습식 가공실, 건식 가공실, 위생실, 전처리실, 포장실, 조리 실습실 등을 갖췄다. 사업비(15억 9천만 원)는 전라북도 시·군 공동 제조 가공시설 사업과 연계했다. 하지만 거점가공센터가 존속하기 위해서는 선결 과제가 있었다. 제조 기술교육, 인·허가 문제 해결, 안정된 판로 확보였다.

♣ 체계적인 제조 기술교육

2012년 9월, '농식품 가공창업아카데미' 1기 과정을 개설하였다. 실습위주의 상품화(제품화) 교육이었다. 아카데미 과정 수강생을 모집함에 있어 개인보다는 공동체에 우선기회를 주었다. 16개 공동체 58명이 신청하여 심사를 통해 11개 공동체 46명을 최종 선발하였다.

2015년 7월, 농식품 가공창업 아카데미 5기 과정 교육을 완료했다. 13개 공동체 44명은 4개월(2015년 3월 20일~7월 30일) 동안 교육을 받았다. 반찬류, 습식류, 건식류 3개 과정으로 나누어 교육을 진행했고, 마케팅 교육과 선진지 견학, 품평회(자체품평회 1회, 외부품평회 3회)를 병행했다. **2015년까지 82개 공동체 298명이 교육**

을 받았다. 지금도 면접을 통해 교육생을 선발할 정도로 인기가 높고 경쟁도 치열하다.

♠ 인·허가 문제 해결

가공상품을 만들어서 판매하려면 식품제조허가 등 각종 인·허가와 관련한 법적·제도적 의무사항이 많았다. 이런 의무사항을 농가 스스로 해결하기가 무척이나 어려웠다. 주민들은 인·허가 사항을 가장 어렵고 껄끄럽게 생각했다. 솜씨 좋은 농민이 가공상품을 만들어 유통 판매를 하고 싶어도 절차가 너무 복잡했다.

> 제조원 요건 갖추기 → 판매원 요건 갖추기 → 식품제조 품목보고서 → 제품용기 선택 → 제품디자인 → 자가 품질 검사(영양 성분 검사 / 대상 식품 유형만) → 보건증 발급 → 판매·유통(작업일지 작성) → 자가 품질 검사(식품 유형에 따라 주기적으로)

제조원 요건을 갖추기 위해서는 가공공장과 영업 신고증이 필요했고, 판매원 요건을 갖추기 위해서는 회사와 사업자등록증이 필요했다. 까다로운 인·허가가 대부분이었고, 어느 것 하나 쉬운 게 없었다. 누군가의 도움이 절실했다. 지역 주민들이 마음 놓고 조리만 하면 제품이 팔릴 수 있는 시스템이 필요했다.

완주군은 지자체 직영(계약직 1명, 기간제 근로자 4명)으로 거점 가공센터를 운영하고 있다. 생산설비 시스템 구축, 교육, 조직화, 디자인, 인·허가, 성분 검사 등 모든 인·허가 사항을 계약직 공무원이 전담해서 해결해 주고 있다. 2013년 7월부터 2개 단체(영농법인 농가의 부엌, 로컬푸드 가공협동조합)에 사용수익을 허가했고, 8월부터 로컬푸드 직매장으로 제품 출시를 시작했다. 포장용기 및 디자인은 군 직영 농촌디자인센터에서 지원해 주고 있다.

개인보다는 마을 및 지역 공동체 단위 가공 공동체를 발굴·육성하고 있다. 현재 5개 공동체에 178명이 참여하고 있는데 여성의 비중이 높다. 귀농·귀촌인도 다수(52명) 참여하고 있다. 농가의 부엌, 가공식품협동조합, 줌마뜨레 등 3개의 가공식품 생산자 공동체가 만들어졌다. 농가의 부엌(25명)은 절임류·피클류·김치류와 같은 반찬류 46개 제품을 만들고 있으며, 가공식품협동조합(78명)은 가루류·선식류와 같은 건식류와 잼류·푸딩류·드레싱류와 같은 습식류 142개 제품을 만들고 있다. 완주 줌마뜨레(8명)는 제빵류·제과류·케이크류 등 35개 제품을 만들고 있다. 덕분에 모두 223개의 제품이 인·허가를 받았고, 150개 품목이 유통되고 있다. 2016년 2월 4일, 농식품 가공창업 아카데미 6기 수료생이 중심이 된 완주 로컬가공먹거리 생산자협동조합(조합원 53명)이 설립되었다.

♣ 안정된 판로

정성껏 만들어진 다양한 가공상품은 로컬푸드 직매장, 지역 농협, 공공학교급식센터, 건강한 밥상꾸러미 등 안정적인 판로를 통해 소비자들과 만난다. 소비자들의 다양한 욕구를 충족시켜 주고 있으며, 농가들에게는 가공을 통해 부가가치를 되돌려 주고 있다. 2013년 첫해 1억 1천6백만 원, 2014년도 5억 7천9백만 원, 2015년도 7억 4백만 원으로 매출액도 증가하고 있다.

부가세 10%, 로컬푸드 직매장 수수료 10%, 거점가공센터 사용료 3%를 제외한 77%가 농가에게 환원된다. 2013년도부터 가공을 통해 10억 7천7백만 원이 농민과 지역 주민에게 돌아갔다. 2015년 7월 완주군 구이면 모악산 인근에 거점가공센터 2호점이 생겼다.

04
생산자와 소비자가 직거래를 통해 상생하는 곳
완주군 로컬푸드 직매장

영화 '버킷리스트'는 두 주연배우(잭 니콜슨, 모건 프리먼)가 우연히 병실에서 만나 얼마 남지 않은 인생을 앞두고 하고 싶었던 일을 실행하기 위해 버킷리스트를 만들고 병원을 뛰쳐나와 '나는 누구인가'를 정리하기 위한 여행길에 오르면서 일어나는 내용이다. 목록을 지워가기도 하고 더해가면서 인생의 기쁨, 삶의 의미, 웃음, 통찰, 감동, 우정을 재발견하는 마음이 따뜻했던 영화로 오래오래 기억에 남아 있다.

2013년도 농림축산식품부에서 국민이 바라는 '농업정책 버킷리스트' 13개를 선정했다. 농식품부 홈페이지를 통해 농식품부 버킷리스트 만들기 이벤트를 열고 국민의견을 수렴했다. 그 결과 '1위는 생산자와 소비자 모두에게 이익이 되는 새로운 직거래 모델 만들기, 2위는 대형유통센터를 건립하여 유통단계를 축소시키기, 3

위는 농산물 수급안정을 통해 생산자와 소비자의 부담을 덜어 달라'는 것이었다. 유통구조 개선을 바라는 목소리(32%)가 가장 높았고, 뒤이어 식품안전 강화(28%), 복지농촌 건설(11%), 농가소득 확대(5%) 등의 의견이 뒤를 이었다.

국민들은 유통구조 개선을 간절히 원하고 있지만 우리나라 유통구조를 살펴보면 한숨부터 나온다. 한국인들이 가장 꾸준히 먹는 음식, 김치의 주원료인 배추를 살펴보자. 배춧값은 한 해는 폭등, 그 다음 해엔 폭락을 되풀이 하고 있어 롤러코스터를 타고 있는 느낌이 든다. 산지에서 배춧값이 300원이지만 소비자가 지불하는 배춧값은 산지 가격의 3.3배인 1,000원인 경우가 많다. 수집상이 200원, 도매시장 중매인이 200원, 소매상이 300원을 떼어가기 때문이다.

배춧값이 폭등해도 농민에게는 별반 도움이 되지 않는다. 밭떼기로 계약을 한 중간 유통업자에게 이익이 돌아가기 때문이다. 하지만 배춧값이 폭락하면 손실이 그대로 농민에게 전가된다. 보통 밭떼기 계약을 하면 중간 유통업자는 10% 선수금을 농민에게 주고 수확할 때 나머지 90%를 지급하는데, 배춧값이 폭락하면 계약금 10%를 포기하고 연락을 끊어버린다. 이래저래 배추 농사짓는 농민은 이익을 볼 수 없다. 참으로 답답하다.

완주군이 로컬푸드를 처음 착안한 것은 '완주를 둘러싸고 있는 전주에 사는 65만 소비자와 완주군에 있는 영세 소농, 귀농·귀촌자, 여성 농업인, 65세 이상 고령 농업인을 연결할 수 있는 방법은 없을까?라는 고민에서 시작하였다.

주변을 살펴보다가 일본 사례에 주목하였다. 일본은 국도가 발달되어 있어 100km마다 농산물 직매장인 '미찌노에끼(길에 있는 역)'가 있었다. 그곳에서는 지역 농민들이 생산한 농산물이 소비자와 직거래로 연결되어 판매되고 있었다. '저것을 완주군에 도입하면 참 좋을텐데'라는 생각을 실현시키기 위해서는 행정만으로는 한계가 있었다. 함께 할 수 있는 파트너가 필요했다. 10개 지역 농협에 일일이 전화를 했지만 지역 농협의 대답은 한결 같았다.

"군수님! 해 보았는데 안됩디다. 그거 안 해 본데가 어디 있습니까? 정부에서 정책적으로 직거래해서도 안 되는데, 군에서 해서 되겠습니까? 이거, 안 됩니다."

2010년 12월, 용진농협 정완철 조합장은 이중진 차장(지금은 상무)을 조용히 불렀다.

"이 차장! 일본에서는 직거래가 활성화되어 있고, 임정엽 군수로부터 로컬푸드 직매장을 해보자는 제안이 왔는데, 이 차장은 어떻게 생각해?"

그때 당시 이중진 상무는 차장이었지만 경제사업 총책임자로서 이렇게 대답했다.

"조합장님! 현 시점에서 우리 농가들에게 지도해 줄 것은 유통지

도입니다. 생산지도는 끝났습니다. 우리가 농민들에게 유통지도를 통해 농민들의 근심을 해결해 주어야 합니다. 완주군수님으로부터 그런 제안을 받았으면 한 번 해보시죠."

사실 용진농협 관련 지인들은 직매장 사업을 반대했다. 그러나 정완철 조합장은 이중진 상무를 믿고 열심히 해보자며 뜻을 모았다. 정완철 조합장은 바로 완주군수에게 "용진농협이 하겠다"고 전화했다. 다른 농협에서는 모두 안 된다고, 못하겠다고 하는데 용진농협만 하겠다고 했다. 대답한 지 10일도 되지 않아 일본으로 날아갔다. 완주군수, 용진농협 조합장과 전무·차장(경제사업담당), 농촌활력과장, 완주군의회 의원이 포함되었다.

> **완주군수** "이중진 차장 내일 새벽 5시에 일어나서 나랑 어디 좀 가세. 일본 농민이 오야마농협 직매장에 출하하는 현장 모습을 볼 수 있다고 허네."

다음 날, 일본 연수단은 새벽 5시에 일어나서 일본 오야마농협 출하현장으로 갔다. 해가 막 뜨려고 하는데 일본 농민들이 하나 둘씩 보이기 시작했다. 소포장도 각자 집에서 해왔고, 가격도 집에서 결정해 왔다. 그리고 바구니를 들고 쭈욱 줄을 섰다. 관계자가 문을 여니까 먼저 온 순서대로 들어가 진열대에 진열을 했다. 그리고 전날 안 팔린 것은 수거하여 바구니에 담았다. 청소도 농민 스스로 했다.

이중진 차장이 그걸 보는 순간 딱 들었던 생각은 **'바로 저거다! 완주군도 농민들이 스스로 하도록 한 번 만들어 봐야겠다'**였다.

이중진 차장은 그동안 해왔던 농산물 직거래가 생각났다. 서울 동사무소와 용진농협이 자매결연을 맺고 직거래를 추진한 적이 있었다. 젊은 직원들은 미리 서울에 올라가 부녀회와 연계해서 아파트 입구에 포장을 쳤다. 쌀 주문을 하면 특별히 아파트에까지 배달을 해주었다.

40kg 쌀 한 포대를 어깨에 메고 초인종을 누르면 집주인은 저기에 있는 쌀독에까지 부어달라고 했다. 어렵사리 쌀독에 부어주어도 고맙다고 하지 않았다. 오히려 "아파트 부녀회에서 사달라고 해서 사 준거"라며 생색을 냈다. 농업·농촌이 어려우니까 애향심과 애국심에 호소한 직거래였으니 소비자가 특별히 고마울 턱이 없었다. 종래의 직거래는 대부분 이런 방식이었다.

2012년 4월 27일 완주군 용진면에 로컬푸드 직매장을 오픈했다. 용진농협 로컬푸드 직매장, 대한민국 최초였다. 일본식 미찌노에끼를 지역 형편에 맞게 재구성했다. 그게 가능했던 것은 완주군에 기반이 일부 갖추어져 있었고, 용진농협도 이미 전주(송천동)에서 채소가게를 운영해 본 경험이 있었기에 가능했다.

직매장을 개장하기 전 용진농협은 임시매장을 도로변에 내고 소비자들의 의견을 수렴했다. 농민들에게는 1년 6개월 동안 교육만

용진 로컬푸드 직매장 여성생산농가

시켰다. 4년이 흐른 지금, 농가들은 스스로 상품화를 위해 노력하고 있다. 단호박을 원료로 식혜와 떡을 만드는 정선진 농가는 단호박 종자 '만차량'을 구하기 위해 강원도까지 다녀왔고, 김현봉 농가는 전라남도 담양까지 가서 죽순 잘 키우는 농가를 졸졸졸 따라다녔다. 수박을 내는 정선균 이장은 수박이 주먹만하게 올라올 때 수박 당도를 조금이라도 올리고 싶은 마음에 아침마다 설탕물을 주고 다녔다.

그런 마음과 정성이 통한 것일까? 용진농협에는 하루 평균 1,000여 명이 찾아오고, 주말에는 1,500명 이상이 방문해서 장을 본다. 장을 마치고 돌아갈 때면 유통가격을 축소해서 가격도 저렴한 농산물을 이렇게 안심하고 가족이 먹을 수 있도록 해 줘서 "정말로 고맙고 감사합니다"라고 말한다. 옛날에는 안방 쌀독에 쌀을 부어 줘도 고맙다고 안했는데, 소비자의 생각도 바뀐 것이다. 용진농협 로컬푸드 직매장에는 511명의 조합원(대부분 농민)이 소비자에게 건강하고 안전한 농산물을 제공하고 있다. 그들은 매일 아침 6시면 용진농협 선별장으로 모인다. 소포장도 스스로 하고 가격도 스스로 결정한다. 팔리면 10%는 농협이 가져가지만 90%는 농가에게 환원한다. 완주군에는 그런 직매장이 11군데가 더 있다. 덕분에 2,500 농가가 '**월급쟁이 농부**'가 되었다.

사람들은 로컬푸드 직매장을 '**종합선물세트**'라고 이야기한다. 생산자에게는 꼬박꼬박 월급을 주고, 소비자에게는 적정한 가격으로 안전하고 안심할 수 있는 먹거리를 챙겨 주기 때문이다. 오늘 퇴근길에는 종합선물세트 사러 로컬푸드 직매장에 들러야겠다.

05
어릴 적 먹던 집밥 같은 건강한 로컬푸드 음식으로 가득한 농가레스토랑

어버이날이 목전에 다가와서 어머니한데 전화를 했다.

강 팀장 "어머니! 어버이날인데 뭐 잡수시고 싶은 거 있대유!"
어머니 "글쎄다. 딱히 먹고 싶은 게 뭐 있어야 말이지."
강 팀장 "경치도 좋고 음식도 괜찮은 곳이 있는데 가실래유!"
어머니 "어디다냐?"
강 팀장 "모악산 인근에 집 밥 먹는 느낌이 드는 농가레스토랑이 있어요."
어머니 "모악산이면 너무 멀지 않냐?"
강 팀장 "제 차타고 가시면 되지 뭔 걱정이세요?"

2015년 5월 9일 11시 모악산 주차장에 도착했다. 어머니, 형님 내외, 우리 부부 도합 다섯이다. 주차를 마치고 구이 모악산 로컬푸드 해피스테이션으로 발길을 옮기려니 '생산자와 소비자가 함께하면 농업과 밥상이 살아난다'는 대형현수막이 눈에 들어온다. 1층

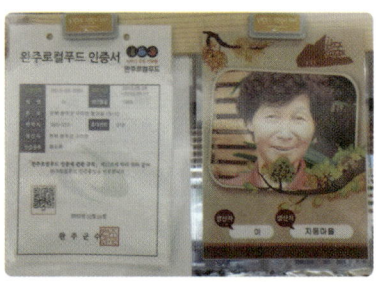

얼굴 있는 먹을거리로 생산자와 소비자가 행복한 모악산 로컬푸드 해피스테이션

매장에 들어서니 고향에 온 것처럼 편안하다. 신선한 농산물과 마을 가공상품들로 가득하다. 저 가공상품들이 하나하나 나오기까지 얼마나 많은 노력이 있었던가?

1층을 둘러보고 2층 농가레스토랑으로 향했다. 2층으로 가는 계단에는 농가 사진들이 걸려 있다. 구이면 광곡리 김순이 농부도 있고, 구이면 두현리 이창영 농부도 있다. 모두가 하나같이 환하게 웃고 있다. 금주 특별메뉴도 걸려 있다. '쑥버무리'와 '연잎 묵무침'이다.

11시 30분, 아직은 점심을 먹기에 이른 시간이다. 잠시 의자에 앉아서 휴식을 취하는데 완주 로컬푸드협동조합이 발간한 '행복정거장 소비자 통신문'이 보인다. 내용을 살펴보니 유용한 정보들이 가득하다. '완주군 봉동읍 김정희 농가가 생산한 한라봉이 판매된다'는 소식도 있고, 금주 추천 레시피도 있다. 냉이향 가득한 '냉이 된장국'이다. '완주 로컬푸드 생산자와 소비자가 십시일반 모은 헌 옷을 지난 12월 아프리카 케냐 키베라 아이들에게 전달하였다'는 훈훈한 소식도 있었다.

11시 50분, 자리를 안내받은 후 음식 쪽으로 발길을 옮겼다. 토란대 나물, 양배추 김치, 찰밥 조금 담고, 연잎 묵무침, 새송이버섯, 두부, 배추김치를 담으니 접시가 가득하다. 새 접시에 쑥버무리를 담고, 마늘조림 떡볶이, 계란찜, 닭볶음탕, 수육을 담고 팥죽은 따로 그릇에 담았다. 팥죽은 이곳에 올 때마다 꼭 챙겨먹는 음식이다. 조금씩 담았는데도 두 접시가 가득하다.

쑥버무리 앞에서 아이들은 지나치는데 어른들은 줄을 서 있다. '쑥버무리'는 쑥을 넣어 떡처럼 찐 음식으로 어렸을 적 맛보았던 그 맛을 기억나게 한다.

이번에는 형님이 말문을 여셨다.
형　님　"이번에 손편지 썼다며? 나한테도 보내봐."

그러자 형수가 말을 이어 받았다
형수님　"손편지라뇨? 무슨 손편지에요?"
형　님　"이번에 동생이 어머니한테 손편지를 직접 썼다잖여."

그러자 어머니가 반색하셨다.
어머니　"그려? 지금 어디에 있다냐? 뭐라고 썼는디?"
강 팀장　"지금 우체국에 있어요. 다음 주에나 어머니한테 도착할 거예요. 어머니 오래오래 건강하시라고 썼어요."
어머니　"둘째(강 팀장네)야, 쑥개떡 먹을래? 들에 나갔다가 쑥이 너무 좋아 쑥개떡 만들어 냉장고에 넣어 두었는디."

12시 8분, 모악산 농가레스토랑은 만석이다. 완주군에는 이런 레스토랑이 몇 군데 더 있다. 삼례읍에 가면 마을 공동체 사업으로 운영하는 '비비정 마을 농가레스토랑'이 있고, 봉동읍에 가면 지역 어르신들이 정성껏 음식을 만드는 '새참수레'*도 있다. 모두 완주에서 생산한 건강한 농산물을 재료로 사용한다.

식사를 마친 후 1층으로 내려와 장을 보았다. 여유롭게 장을 보게 되니 오전에 미처 보지 못한 것들이 눈에 들어왔다. 농산물 성분 검사 분석 결과 통지서도 보이고, 완주 로컬푸드 인증서도 보인다. 완주 로컬푸드 농산물 진열기간도 표시되어 있다. 엽채류 1일, 과채류 2일, 근채류 3일, 버섯류 2일이다. '내 자식 주는 마음으로 키운 농산물이 가장 건강하다'라는 문구가 가슴에 와 닿는다.

이제 헤어질 시간이다. 어머니가 물어보신다.

어머니 "둘째야! 쑥개떡은 언제 갔다 먹는다냐?"
강 팀장 "내일 들를게요."
어머니 "참, 내일이 공휴일이지. 그 참에 쌀도 가져가고, 된장도 갔다 먹으면 쓰것다. 된장이 얼마나 맛있는지 몰라."

오늘은 내가 드리는 날인데, 예외 없이 받기만 한다. 손편지라도 얼른 가서 어머니에게 조금이나마 위안이 되었으면 좋겠다.

어머니와 형님 내외에게 반찬 설명하고 음식 설명하느라 밥이 코로 들어갔는지 입으로 들어갔는지 알 수가 없었다. 하지만 즐겁고 유쾌하다. 많이 먹은 것 같은데도 배가 고프다. 집에 와서 누룽지로 배를 채웠다. 누룽지도 용진읍 도계마을 로컬푸드에서 판매하는 것이다.

---

* 2016년 5월 25일 삼례읍에 새참수레 2호점을 오픈했다.

새참수레

주소 : 전북 완주군 봉동읍
　　　봉동동서로 11
전화 : 063) 261-4276

뷔페 성인 9,000원 / 아동 7,000원

비비정 농가레스토랑

주소 : 전북 완주군 삼례읍
　　　비비정길 96-9
전화 : 063) 291-8609

비비정 한상차림(12,000원~20,000원)

모악산 농가레스토랑

주소 : 전북 완주군 구이면
　　　모악산길 95
전화 : 070-7008-4403

뷔페 성인 12,000원 / 아동 7,000원

06
잡상인이 없는 완주군 슬로푸드 대표 축제
완주 와일드푸드 축제

큰 모자를 눌러 쓴 아줌마 둘이 정신없이 뛰어 다닌다. 날아다 니는 원더우먼 같다. 이리 뛰고 저리 뛰고 정신이 하나도 없다. 오전에는 물고기 손질하는 곳에서 거들고, 오후에는 딸기 주스 팔고. '저 아줌마들 정체는 뭘까?'

"팀장님! 왜 그렇게 돌아다니세요?"
"긍게, 나도 뭐하고 있는지 모르것어요~. 그래도 뭐라도 하긴 해야 되니께, 돌아다니는겨~."

완주군청 관광체육과 홍성희 관광마케팅 팀장과 지정숙 담당자다. 그들은 완주 와일드푸드 축제 총감독 공무원이다.

완주 와일드푸드 축제는 완주군 대표 축제다. 2011년도에 축제가 시작되었으니 역사가 짧다. 축제 기간도 달랑 3일 뿐이다. 하지만 축제장을 찾은 방문객들이 느끼는 만족감은 어느 축제에 뒤지지 않는다. 축제장에 가기 위해 몇 시간씩 차 속에서 고생하지 않아도 되고, 바가지 음식으로 눈살을 찌푸리지 않아도 된다.

음식은 맛이 있고 가격도 저렴하다. 화덕체험과 천렵체험, 족대체험은 어릴 적 냇가에서 뛰어놀며 즐겼던 향수를 생각나게 한다. 어른들은 다양한 음식을 맛볼 수 있고 향수어린 체험도 할 수 있으니 좋고, 아이들은 컴퓨터 대신에 완주군 고산면 고산휴양림의 탁트인 공간에서 마음껏 뛰어놀 수 있어서 모두에게 유익하다. 해가 갈수록 방문객이 늘고 있는 이유다.

완주군에는 원래 다른 대표 축제가 있었다. 대둔산 축제였다. 대둔산은 가을단풍으로 유명한 곳이다. 가을이면 대둔산에는 단풍을 보러 전국에서 온 관광객들로 인산인해를 이루었다. 가을단풍이 절정으로 물들 즈음 대둔산 일대에서 축제를 벌였다. 대둔산 축제 외에도 딸기 축제도 있었고, 소싸움 축제도 있었지만 완주군을 대표하기에는 미흡했다. 고민 끝에 완주군을 대표할 수 있고 지역주민에게도 도움이 되는 대표 축제를 구상했고, 2011년 9월 23일 제1회 완주 와일드푸드 축제를 시작했다. 다른 지역과 차별화된 세 가지 콘셉트로 축제를 시작했다.

첫째, 잡상인이 없는 축제다.
잡상인 문제는 어느 축제장이나 안고 있는 딜레마지만, 해결하지 못하는 문제였다. 완주 와일드푸드 축제는 잡상인 제로를 약속했고 지금도 실천하고 있다. 축제장소인 고산휴양림은 외길이라 차량 진출입 통제가 용이하다. 첫 해와 둘째 해, 전국 축제장을 돌아다니는 잡상인들로부터 항의도 많이 받았지만 지금도 철저하게 잡상인 출입을 통제한다. 전국에서 잡상인이 없는 축제는 완주 와일드푸드 축제가 유일하지 않을까? 대신 축제장의 주역은 완주군민, 13개 읍면 부녀회와 마을 공동체(지역 공동체), 소규모 동아리로 이들이 축제를 맡아서 진행한다. 그들이 축제의 주인공들이다.

<u>둘째, 주민과 방문객이 함께 만들어 가는 참여형 축제다.</u>

축제 기획 및 진행은 통상적으로 이벤트사에 맡겨서 진행한다. 전문성을 갖춘 축제 이벤트사가 부족하다 보니 몇 개의 이벤트사가 축제를 도맡아서 하고 있다. 그러니 전국 축제장이 붕어빵처럼 비슷해질 수밖에 없다. 하지만 와일드푸드 축제는 다르다. 축제 기획과 준비 단계에서부터 축제 운영과 평가에 이르기까지 지역 주민들이 주도하며 축제장을 찾은 방문객이 참여할 수 있도록 다양한 체험 프로그램을 제공한다.

<u>셋째, 기본에 충실한 축제다.</u>

대부분 축제는 초청가수를 통해 축제를 알리고 방문객이 찾아오도록 유도한다. 그러나 와일드푸드 축제는 초창기부터 초청가수보다는 정성스럽게 준비한 축제 프로그램을 관광객들에게 제공했다. 누구나 축제의 주인공이 될 수 있도록 선택과 집중을 통해 화

덕과 천렵을 대표 프로그램으로 삼아 추억과 향수를 동시에 제공하고 있다. 축제장에 오면 다양하고 유익한 체험, 건강하고 맛있는 음식을 즐길 수 있다.

완주군은 제1회 완주 와일드푸드 축제를 치르면서 비싼 수업료를 내야 했다. 주차 문제였다. 고산면 소재지에서 고산휴양림까지는 비좁은 2차선 도로였다. 축제를 홍보하기 위해서 무궁화 산악자전거대회까지 함께 열었던 것이 과욕이었다. 나가는 차, 들어가는 차, 승용차, 대형버스, 셔틀버스가 뒤엉켰다. 도로가 주차장이 되었고, 3일 내내 축제장을 찾은 사람들로부터 짜증과 원망의 소리를 들어야 했다.

주차 문제 해결 없이는 축제를 지속한다는 게 의미가 없었다. 가장 먼저 축제장 인근에 대형 주차장을 확보했다. 그리고 차량분산을 유도했고 셔틀버스 운행을 대폭적으로 늘렸다. 고산휴양림 인근 도로를 최대한 활용했다. 축제장 인근에서는 일방차선도 운영하고 있다. 주차관리는 도시개발과와 건설교통과 직원들이 전담하고 있다. 축제를 거듭하면서 축적된 소중한 경험들이 녹아있기에 주차 문제는 더 이상 고민거리가 되지 않고 있다.

2014년도에는 식도락가들의 구미를 당길만한 100가지 로컬푸드 건강한 음식을 마련했다. '꼭 맛봐야 할 100가지 음식'은 완주군이 축제를 앞두고 4월부터 5개월간 각 읍·면의 대표적 음식을 통

다양한 체험과 건강한 먹거리가 있어 행복한 완주 와일드푸드 축제장 〈자료〉 완주군

해 발굴한 것들이었다. 삼채비빔밥, 콜라겐 묵, 시래기 표고밥, 가재튀김, 오색 찹쌀부꾸미 등이 대표적이다. 조리와 운영은 마을 공동체나 부녀회에서 맡아서 하는데 가격이 만 원을 넘지 않는다.

완주군 공무원들도 헌신적이다. 군청, 사업소, 읍면 모두가 하나로 똘똘 뭉쳐 주민들을 돕는다. 한 꼭지씩 역할을 맡으면 끝까지 책임진다. 재난안전과 직원들은 1년 내내 메뚜기를 잡으러 다니고, 종합민원과 직원들은 화덕에서 피어나는 연기와 3일 내내 씨름하며, 일자리경제과 직원들은 3일 내내 물고기 배를 따지만 비린내를 마다하지 않는다. 건설교통과와 도시개발과 직원들은 몰려드는 차량들을 주차지도하고 안내하느라 끼니를 거르지만 불평하지 않는다.

'니 일이 아니라 내 일'이라고 생각하기 때문이다.

완주 와일드푸드 축제는 축제 전문잡지인 '참살이'가 선정한 '가볼만한 축제 20선'에 선정되었고, 2016년도 문화관광부가 선정한 '한국의 유망 축제'로 선정되었다.

나는야 뽀빠이 공무원

제 5 장

뽀빠이
공무원을 돕는 지역 일꾼들

1. 로컬푸드 현장 총감독 이중진 상무와 안대성 이사장
2. 리더란 모름지기 마음가짐이 중요하다 도계마을 이일구 위원장
3. 예쁜 단호박 아줌마 정신진 대표
4. 마을 살림꾼이 선녀와 나무꾼으로 환생한 이용규 완두콩 대표·최현주 사무장
5. 농촌 마을 체험과 소규모 테마 여행을 도와주는 41명 농촌체험지도사
6. 완주 여행, 콕콕 집어서 알려주는 (사)마을통 임채균 단장

01
로컬푸드 현장 총감독
이중진 상무와 안대성 이사장

♣ **로컬푸드 1번지 용진농협 이중진 상무**

2015년 5월 15일 용진농협 2층 강의실에 사람들이 가득하다. 농촌진흥청 농촌지도사들도 있고, 경남 함안군의회 의장님과 기획관리실장도 보인다. 용진농협 이중진 상무로부터 로컬푸드 직매장 성공사례를 함께 듣기 위해서이다. 당초 농촌진흥청 농촌지도사 강의가 예정되어 있었지만 경남 함안군 방문단 20여 명이 갑자기 합류하게 되면서 일정이 변경되었다. 워낙 많은 기관·단체로부터 용진농협 벤치마킹을 위한 방문이 있다 보니 요즈음 이런 일이 자주 벌어지곤 한다.

용진농협은 지역농협으로 과거에는 수신고가 500억 원에 불과했으나 지금은 거의 1,000억 원에 가깝다. 전국에서 용진농협을 찾아오는 발길이 끊임없이 이어지고 있다. 최근에는 대형버스를 대절해서 찾아오는 단체 방문객들도 늘어나고 있다. 모두들 용진농협 로컬푸드 직매장 성공신화를 듣기 위해서다. 그 중심에 용진농협 이중진 상무가 있다. 이중진 상무는 대학에서 문헌정보학을 전공했지만 지금은 용진농협 경제 사업을 총괄하고 있다.

완주군으로부터 로컬푸드 직매장 제안을 받았을 때 지역농협 모두가 못하겠다고, 해보았는데 안 되더라고 발을 뺐다. 용진농협만 한번 해보겠다고 나섰을 때 주위에서는 무모한 도전이라고 비웃었다. 정완철 조합장의 추진력과 경제 사업을 총괄했던 이중진 상무가 찬성하지 않았다면 용진농협 로컬푸드 직매장은 세상에 나올 수가 없었다. 이 상무는 평소 '이제는 농가들에 생산지도가 아닌 제대로 된 유통지도를 해주어야 한다'는 소신을 갖고 있었다.

로컬푸드 직매장을 열기 전, 도로변에 천막을 치고 임시매장을 운영했다. 그때 이 상무는 과연 '소비자들이 직매장에 찾아올까?'라는 의문을 품었고 직접 소비자에게 물어보았다. 대부분 소비자들은 "농협과 행정에서 농약잔류 안정성 검사를 정확히 해주고, 농민이 직접 진열하고 포장해서, 1일 유통하면 오겠다"는 대답을 했다. 어떤 소비자는 "농협에서 왜 그런 일을 안 했느냐?"며 질책하기도 했다. 그때 이 상무는 '소비자는 준비가 되어 있구나'라는 것을 절감했다고 한다.

하지만 초창기 농가참여가 문제였다. 포장도 농민 스스로 해야 하고, 가격도 농민이 결정하고, 1일 유통 후 팔고 남은 농산물을 농민이 가져가야 하는 유통방식을 낯설어했다. 그러다 보니 용진농협에서 직매장에 참여할 농가를 모집했지만 처음 신청한 농가는 3농가 밖에 없었다.

    이 상무 "형님 이것 좀 한 번 해보게."
    농   민 "아이템이나 사업 구상은 참 좋다. 근데, 내가 시간이 없다."
    이 상무 "형님은 농사 잘 짓잖아. 교육 받으면 매장 하나 준대잖아. 긍게 한 번 해보게."
    농   민 "안 팔리면 가져 가람서. 가격도 우리가 결정하고."

이 상무는 농장을 쫓아다니면서 농민들을 설득했다. 하지만 여의치 않았다. 행정도 팔을 걷어 붙였다. 용진농협에서 주민들을 모아 놓으면 행정과 농협이 함께 설득을 했다. 밤낮이 따로 없었다. 그렇게 노력한 결과, 3농가에서 51농가로 늘어났다.

이중진 상무가 가장 중요하다고 생각하는 것은 신뢰다. 소비자와 생산자 간의 신뢰 구축이 직매장 성공요인이라고 생각하며, 서로의 신뢰가 유지될 수 있도록 직매장 관리를 깐깐하게 하고 있다. 함께 원칙을 정하되 원칙을 위반하면 1차 구두경고, 2차 영업정지, 3차 영구 퇴출한다. 영구 퇴출 당하면 바코드를 없애는데, 바코드가 없으면 출하를 하고 싶어도 할 수가 없게 된다. 2015년 3월 11일, 전국 동시 농협조합장 선거가 있었다. 선거기간 중 조합원 1명을 영구 퇴출했다. 한 표가 소중한 상황이었지만 원칙을 그 무엇보다도 소중하게 생각한 것이다.

완주 로컬푸드의 든든한 응원군인 안대성 이사장과 이중진 상무

♣ 완주 로컬푸드협동조합 안대성 이사장

'농촌 활력의 수도, 로컬푸드 1번지 완주'에 기여한 또 한 사람은 안대성 완주 로컬푸드협동조합 이사장이다. '효자동 직매장, 모악산 해피스테이션, 하가 직매장'을 운영 관리하고 있다. 로컬푸드 현장 총감독으로 오늘도 현장을 누비고 있다.

안대성 대표는 경기도 수원에서 학교를 나왔고, 서울에서 광고대행사를 다녔다. 기획, 마케팅 분야에서 잘 나갔지만, 서울생활을 접고 2005년 완주군 소양면으로 귀촌했다. 2006년 12월, 농촌 문제 전문컨설팅 회사인 '지역 파트너'가 설립되었고, 그곳에서 선배들과 함께 일했다.

2007년 여름, 완주군수에게 지역 농업·농촌 활력화 방안과 관련된 브리핑을 했고, 몇 가지 제안을 했다. '농정기획단 만들기, 마을 만들기 사업, 농촌 노인 맞춤형 복지' 등이었다. 완주군은 지역 파트너 제안을 모두 받아들였다. 2010년 6월에는 중간지원조직인 지역경제순환센터가 만들어졌다. 마을회사육성센터, 로컬푸드지원센터, 커뮤니티비즈니스지원센터, 도농순환센터, 공감문화센터 등 5개 조직이었다. 민간인 전문 계약직이 채용됐고, 안대성 씨는 마을회사육성센터팀장으로 합류했다.

2011년도 전라북도 6차 산업 공모 사업에 '완주군 모악산 해피스테이션' 사업이 선정됐다. 안 대표는 2012년 1월부터 '농업회사법인 완주 로컬푸드' 법인준비단을 맡아 일했고, 6월에 대표이사로 취임했다. 2014년도 1월, 농업회사법인 완주 로컬푸드는 완주 로컬푸드협동조합으로 전환했고, 안 대표는 이사장으로 선출됐다.

'농업회사법인 완주 로컬푸드'에 완주군에서 출자한 출자금 5억 원과 10개 농·축협에서 출자한 7억 9천5백만 원 등 출자금 12억 9천5백만 원을 출자자에게 되돌려 주었다. 대신 '완주 로컬푸드협동조합'에 1,044명의 지역 소농, 고령농, 여성 농업인, 가족농, 마을공동체, 주민 기업이 조합원으로 참여했다. 이제는 의사결정도 조합원 스스로 한다.

2015년 4월 14일 지역발전위원회 김 과장은 완주군 모악산 해피스테이션을 방문했다. 2~3년 전부터 완주군 농촌 활력사례를 유심히 살펴보다가 처음에는 '저러다 말겠지' 했는데, 지속적으로 유지되는 것을 보고 작정하고 완주를 찾은 것이다.

김 과장   "안 대표님! 도대체 성공비결이 뭡니까?"
안 대표   "철저한 준비, 행정과 주민의 신뢰와 믿음입니다."
김 과장   "다른 곳보다 먼저 사업을 추진했는데요, 후발주자에게 한 말씀 부탁드립니다."
안 대표   "지역 농정을 통합적으로 재조정하고 거기에 맞는 정책을 수립해야 합니다. 단기, 중기, 장기 전략과 전술을 지역 농정 차원에서 수립했을 때 성공가능성이 높아진다고 생각합니다. 완주는 로컬푸드 직매장 단일 프로젝트로 성공한 것이 절대 아니라는 것을 알았으면 합니다. 중장기적으로 계획을 세우면서 다양한 지역 농정을 어떻게 재편하고, 지역 농업을 활성화시킬 것인가 하는 과제 중의 하나가 로컬푸드이고, 또 그 중 하나가 직매장일 뿐입니다."

최근 완주 로컬푸드협동조합은 농산물 판매뿐만 아니라 소비자 초청 체험행사와 교육에도 열을 올리고 있다. 안대성 이사장은 '생산자와 소비자의 거리를 좁히는 로컬푸드 본연의 가치를 소중히 간직해야 하고, 로컬푸드 직매장이 농산물을 넘어 공예품, 우유, 복지 등 창업활동을 부추기는 동력이 되어야 한다'는 마음가짐으로 현장에서 묵묵히 일에 매진하고 있다.

02
리더란 모름지기 마음가짐이 중요하다
도계마을 이일구 위원장

도계마을은 요즘 부쩍 잘 나간다. 마을 공동체 사업도 잘 추진하고 있고, 외부에서 마을을 찾아오는 사람들도 급격히 늘어났다. 국내뿐만 아니라 국외에서도 찾아오고 있다.

마을 전체 53가구 중 43가구가 마을 공동체 사업에 참여하고 있다. 두부, 김치, 누룽지를 만들어 온라인과 오프라인을 통해 판매한다. '믿는 만큼 이루어진다. 생각을 바꾸면 미래가 보인다'는 슬로건을 가지고 마을 공동체 사업을 추진하고 있다. 2011년도 8천 5백만 원이었던 매출액이 2014년도 5억 9천만 원으로 늘어났다. 4년 만에 매출액이 7배나 증가하는 비약적인 성장세를 이루었다.

일자리 창출도 활발하다. 직접적인 고용은 7명이지만 간접적인 일자리는 50명이 넘는다. 원재료인 콩, 배추, 무, 고추, 마늘 그 외 대부분의 농산물을 마을에서 직접 조달하고, 외부 방문객을 위한 체험도 마을 주민들이 직접하고 있기 때문이다.

공동체 사업으로 번 돈은 주민들을 위해 가치 있게 사용하고 있다. 마을 주민 출자자에게 배당을 실시하고 있다. 2012년도 40%, 2013년도 30%, 2014년도 36%의 액면배당을 했다. 3년 동안 출자액보다 더 많은 돈을 되돌려주었다. 지역 사회 공헌도 적극적이다. 80세 이상 어르신 생신상은 마을에서 직접 챙겨드리고, 우수학생을 선발하여 장학금도 전달하고 있다.

'80세 이상 어르신 생신상'을 차려드리게 된 사연은 이렇다.

주중에 생신을 맞으신 마을의 한 어르신 표정이 매우 어두웠다. 부녀회장이 **"어르신 왜 표정이 안 좋으세요?"** 했더니, **"썩을놈들! 오늘이 지 에미 생일인데, 미역국도 안 끓여주고, 내 기분이 좋겠어?"** 사실 그랬다. 부모는 시골에 살고 자식은 도시에 나가서 직장에 다니니 생신을 주말에 챙겨드리는 게 보통이었다. 하지만 자기 생일날 미역국도 못 먹고 있으니 어르신 기분이 좋을 리가 없었던 것이다. '마을에서 생신상을 차려드리자'는 부녀회장의 건의를 이일구 이장은 흔쾌히 수락했다.

그 뒤로 주중에 생신을 맞게 되는 80세 이상 어르신들의 표정은 더할 나위 없이 행복해졌고, 객지에 나가 있는 자녀들도 마을에 더 관심을 갖게 되었다. 뜻하지 않게 일석이조의 효과를 거둔 것이다. 이런 활동들을 바탕으로 도계마을은 2012년도 '**행정자치부 우수마을 기업**'으로 선정되었고, 2014년도에 농림축산식품부에서 주관한 '**제1회 행복마을콘테스트**'에서 국무총리상도 수상했다.

하지만 도계마을이 마을 공동체 사업으로 자리를 잡기까지 10년 이상의 시간이 필요했다.

2003년도 정보화 마을로 출발해서 2009년도 완주군 자체 사업인 참살기좋은 마을 사업과 파워빌리지 사업을 통해 역량을 축척하였고, 2012년도 행정자치부 마을 기업을 통해 자립기반을 마련했다. 그 중심에 이일구 위원장이 있었다. 18년째 마을 이장을 맡아보고 있으며, 정보화 마을 위원장을 겸하고 있다. 1938년생이니 만 77세이다.

2015년 4월 12일 이일구 위원장 자녀 문상을 위해 장례식장을 찾았다. "이일구 위원장님. 힘내세요!" 했더니 울먹이면서 그간의 일들을 들려주셨다. " '아버지 너무 아파요' 그렇게 고함지르던 아들 녀석을 가슴에 담아 저 세상으로 먼저 떠나보냈어요. 객지로 떠돌던 아들 녀석이 뒤늦게 가족의 정을 깨달았는지, 간병하다가 내가 조금만 자리를 비워도 '아버지 어디 있어요?' 라며 나(이일구 위원장)를 찾았어요. 아들은 아파서 병원에 누워있고 나이 먹은 애비가 병간호하는 게 부끄럽고 창피했지만 내가 아니면 누가 간호하겠어요?" 아들(44세)도 혼자였고, 이일구 위원장도 혼자였다. 이런 일들을 가슴에 담고 내색 없이 힘든 공동체 사업을 18년째 이끌어오고 있었다. 사명감이 없다면 어찌 가능하겠는가?

이일구 위원장은 리더의 마음가짐이 공동체 사업에서 매우 중요하다며, 현장 활동가로서 느낀 리더의 요건을 몇 가지 제시해주었다.

"헌신보다는 노력

공인정신과 투명성

설득보다는 행동

도전정신

자신을 지킬 줄 아는 지혜"

'우리 마을은 노인들만 있어서 못해. 이런 부정적인 생각으로는 아무것도 할 수 없다. 걸음도 제대로 걷지 못하는 노인들이 유모차에 의지해서 걷다가도 일터에서는 엄청난 힘을 발휘하는 것을 보았다. 그 모습에서 무엇이든지 할 수 있겠다는 생각이 들었다.'

'이장, 부녀회장은 개인이 아니라 마을의 대표이다. 따라서 공인으로 행동해야 한다. 하찮은 일이라도 마을을 위한 마음으로 임해야지 자기 일부터 먼저 챙기기 시작하면 아무것도 할 수 없다.'

'이장은 잘해도 욕을 먹고 잘못해도 욕을 먹는다. 잘하면 시기심에서, 잘못하면 못한다고 욕을 한다. 하지만 내가 열심히 하고 행동으로 보여주면 언젠가는 달라지고 따라오리라 믿는다.'

"마을 공동체 사업을 이끌다 보면 뒤에서 흔들어 대는 사람들이 있고, 그럴 때마다 하루에도 두세 번은 내려놓고 싶을 때가 있다. 연금 받으면서 편하게 살 수도 있지만 내가 이 일을 내려놓으면 나 자신을 포기하는 것이 아니라 마을을 포기하는 것과 같다는 마음

이일구 위원장이 도계마을 사례를 소개하고 있다. 〈자료〉도계마을

가짐으로 스스로를 바로잡았다."

마을 공동체 사업이 정상궤도에 오르면서 외부에서도 많은 사람들이 마을을 찾아오고 있지만 이일구 위원장에게도 남다른 고민이 있다. 마을 공동체 사업을 이어서 맡아줄 마땅한 후임자가 없다는 것이다.

2015년 1월 16일 도계마을 영농조합법인 정기총회 모습을 보면 그런 고민들이 고스란히 느껴진다. 조합원 53명 중 45명이 참석하였고, 2014년도 매출액에 대한 순이익이 4천만 원에 달하여 조합원에 대한 배당을 출자액(8천 5백만 원)의 36%(3천 6십만 원)를 하기로 잠정 결정함에 따라 화기애애한 분위기 속에 총회가 진행되었다.

그러나 도계마을 영농조합법인 신임 대표 선출순서가 되자 분위기는 급속도로 냉각되었다. 전임 대표(마을 주민 김우강)의 임기가 3년으로 만료되어 새 대표를 선출하여야 하는데 어느 누구도 나서는 이가 없었다. 이에 회의를 주재할 임시 의장으로 권 씨를 선임하였다.

권 씨 : "전임 대표의 임기가 만료되어 새로운 대표를 선출하고자 합니다."
　　　　 본건에 대한 선출 방법에 대해서 말씀해주시기 바랍니다."
박 씨 : "추천해서 다수가결로 결정합시다.
　　　　 단, 추천받은 사람은 본인의 뜻으로 거절할 수 없도록 합시다."
황 씨 : "박 씨 의견에 동의합니다."

권　씨 : "박 씨 의견에 이의 없습니까? (전원 찬성)
전원 찬성으로 추천해서 다수가결로 하겠습니다."

박　씨 : "정보화 마을 전라북도 이사장 및 이장을 맡고 있는 이일구 씨를 추천합니다."

이일구 : "저는 지금 맡고 있는 업무가 너무 많아서 대표를 맡을 수가 없습니다. 저 말고 다른 분이 맡아 주시면 제가 올해 말로 전라북도 정보화 마을 이사장이 만료되니 그때 맡아서 하겠습니다. 이 점 참고해주시면 감사하겠습니다."

박　씨 : "회의 시작할 때 추천받은 사람은 거절할 수 없도록 결정하였으니 이일구 씨가 대표직을 맡아야 합니다. 거절 못합니다."

이일구 : "왜 본인이 싫다는데 자꾸 시키십니까? 제가 일이 하도 많아 할 수 없다는데요? 저는 박 씨를 대표 후보로 추천합니다."

박　씨 : "저도 대표직은 못합니다. 나이도 많고 올해부터는 노인회 등 할 일이 많습니다."

　1차 회의에서 신임 대표를 선출하지 못한 채 임시의장이 5분간 회의를 휴회했다. 2차 회의에서도 서로 자기는 못하겠노라고 거절하는 바람에 결론이 나지 않았다. 결국 전임 김우강 대표가 도계마을 영농조합법인 대표를 한 번 더 하는 것으로 회의가 마무리되었다.
　김우강 대표 71세, 이일구 위원장 77세, 박 씨는 80세이다. 용진읍 도계마을 어르신들은 젊은 일꾼들의 귀농·귀촌을 학수고대하고 있다.

03
예쁜 단호박 아줌마 정선진 대표

2015년 5월 완주군 용진읍 하이마을에 건강하고 정직한 먹거리를 생산하는 착한 사업장이 있다는 소문을 듣고 달려갔다. '꿈드림 영농조합법인' 정선진 대표가 해맑게 웃으며 맞이해 주었다.

Q 공동체 사업을 시작하게 된 계기와 계속 추진하지 못하고 중단한 이유는 무엇인가요?

"용진읍 하이마을은 2013년도 '맛있는 마을'에 선정되었습니다. 그 당시 제가 부녀회장이었습니다. 먼저 마을에서 할 수 있는 먹거리를 찾는 것부터 시작했어요. 부녀회원들과 함께 교육도 받고, 음식 연구도 함께 했습니다. 전 부녀회장님, 총무님, 그리고 다른 분들 의견을 모았는데, 다들 개인적으로 바쁘시고 30마지기 이상 농사를 짓는 분들이 많으셨고, 도저히 시간을 낼 수가 없는 분들이 대부분이어서 마을 공동체 사업을 접게 됐습니다."

Q '거점가공센터'를 두드리게 되었는데 좀 자세히 말씀해 주시겠어요?

"농가들이 모여서 소규모 공동체를 만들고, 그런 공동체를 통해서 제품을 만들어 보았으면 좋겠다. 교육을 통해서 가공실습을 하고 가공교육을 통해서 만든 상품을 로컬푸드 직매장을 통해 판매해 보자는 비전을 제시받았어요. 교육도 5~6개월 받았죠. 거점가공센터 교육이 끝날 무렵 농업기술센터에 소규모 창업 사업이 있는데 아이템도 좋고 제품에 대한 열정도 너무 좋으니 '한 번 해보지 않겠느냐?'고 제안을 받았습니다."

Q 꿈드림 영농조합법인 이름에 얽힌 사연이 있다면서요?

"드림Dream이 꿈이잖아요. 꿈을 이룬다는 의미도 있고요. 꿈드림, '**꿈을 드리는 기업**'이에요. 그리고 저희 상품브랜드 이름은 '**담소담은**'인데요, 저희가 만드는 제품들이 다 좋은 음식이에요. 좋은 먹거리, 안전한 먹거리를 담았으니 즐겁게 이야기를 나누면서 먹었으면 하는 의미로 그리 정했습니다."

Q 주력상품은 무엇인가요?
그리고 매출액은 어느 정도인지 밝혀 주실 수 있나요?

"제품 수는 17가지이지만 현재 출하하고 있는 품목은 10가지 정도 됩니다. 단호박 식혜, 단호박 구운 찰떡, 단호박 죽, 단호박 분말이 잘 나가고 있습니다. 처음에는 로컬푸드 용진 직매장에만 납품을 했습니다. 지금은 용진, 하가, 모악산, 효자동 4개 직매장에 납품하고 있습니다."

Q 제품이 잘 팔리는 인기 비결, 맛 좋은 노하우가 따로 있습니까?

"단호박 식혜가 가장 잘 팔리고 있어요, 요즘엔 없어서 못 팝니다. 여기저기서 의뢰도 많이 들어오고 주문도 많이 들어와요. 오늘도 교회에서 바자회 한다고 식혜 구해달라는 분, 카페에서 팔아보겠다고 하시는 분이 계셨는데 다 드리지 못했어요. 인기비결은 좋은 재료에 있습니다. 이건 자신 있게 말씀드릴 수 있어요. 단호박과 엿기름을 포함한 모든 재료는 완주산을 쓰는 것을 원칙으로 하고 있습니다. 정말 구할 수 없을 때만 타 지역 농산물을 쓰고 있고요, 주력상품인 단호박 식혜는 100% 완주산입니다."

Q 좋은 재료만 사용하면 마진이 적을 텐데요?

"매출이 월 2천만 원이면 많이 번다고 생각하실 수도 있잖아요, 저희는 재료비로만 반이 나가요. 쌀, 콩, 팥 모두 용진읍 간중정미소에서 제일 좋은 것을 써요. 보통 떡집에서는 묵은 쌀을 쓰는데, 그것도 중국산이 많습니다. 떡집에 고물 같은 것도 대주는 데가 있어요. 뿌려서 찌기만 하면 떡이 되는 쌀가루부터 시작해서 그렇게 대주는 데가 많은데요, 대부분이 국내산이 아닌 외국산이에요. 하지만 저희는 제일 좋은 완주산 쌀을 쓰고 완주산 재료를 씁니다.

매출액, 인건비 제외하고 운영비 등 이거저거 빼고 나면 30% 정도 이득이 나는 거 같아요. 제 인건비까지 포함되어 있는 것이니 사실 남는 것도 없어요."

Q 완주군에서 추진하고 있는 공동체 사업과 로컬푸드가 대표님에게 미친 영향은 무엇인가요?

"돌아보면 제가 뭘 한 게 아니라 가만히 있었는데 여기까지 그냥 온 것 같아요. 요즘에는 '제가 이것을 하지 않았으면 무엇을 하고 있을까?'라는 생각이 들 정도예요. 일이 즐겁고요 일이 저에게는 기회였던 것 같아요. 저는 20여 년 동안 비닐하우스 농사만 지었는데, 어떤 희망도 보지 못했어요. 그런데 농촌에서도 이런 희망을 만들 수 있구나, 창업을 할 수 있구나. 덕분에 농사짓는 것에 대한 자존심, 자존감이 많이 회복되었어요. 누가 '뭐하세요?'라고 물어보면, '저 사업해요! 라고 안하고 저 농사지어요, 근데 저 농사짓는 거 가지고 가공·판매하고 있어요' 이게 된 거예요. 농사만 지으면 농사꾼일 뿐이었어요. 근데 더 좋은 제품을 만들어서 다른 사람에게 당당하게 내놓을 수 있게 된 거예요. 저는 기회가 정말 좋았어요. 운도 좋았고, 조그마한 제 노력이 합쳐져서 지금 이 자리에 있는 것 같아 너무 좋아요. 농사가 지겹고 싫고 이게 아니고, 더 배울 게 많고 좀 더 잘해보고 싶다는 생각이 들어서 참 즐거워요."

Q 앞으로의 꿈, 소망이 있으신가요?
더 하고 싶은 것이 있으면 말씀해 주세요?

"현재 1차 생산을 해서 2차 가공을 하고 있는데, 3차 산업인 체험이나 관광, 그리고 판매로 이어지는 6차 산업화가 제 숙제인 것 같아요. 그래서 올해 그것을 진행하고 있어요. 요즘 흔한 게 체험이잖아요? 다 돈을 내고 체험하잖아요. 그런 체험이 아니라 내가 사 먹는 음식들이 이렇게 키워지는구나, 이렇게 만들어지는구나, 그리고 내가 직접 그 음식을 만들어 보는 거예요.

건강하고 정직한 먹거리에 대한 자부심이 가득하다.

그래서 이거 정말로 사먹어도 되겠다. 그런 믿음과 신뢰가 생길 수 있는 그런 **쿠킹 클래스**Cooking class 같은 체험, 그런 체험을 할 수 있는 사업을 해보고 싶어요."

> **Q** 그럼 농장에서 딴 것을 가지고 체험장에서 직접 음식을 만들어 보는 거네요?

"단호박을 가지고 죽을 만들 수도 있고, 식혜를 만들어 볼 수도 있어요. 엄마가 아이들에게 알려줄 수도 있어요. 어렸을 때 먹어봐야 커서도 먹게 되는데, 요즘 아이들 식습관이 너무나 서구화되어 있잖아요. 제 꿈은 떡을 만드는 정선진이 아니에요. 떡은 중간단계일 뿐이에요. 단호박을 가지고 할 수 있는 게 떡이었어요. 지금 꿈드림영농법인이 자리를 잡아가고 있는데, 완전히 자리를 잡으면 저는 좀 더 공부하고 싶어요. 그리고 힐링할 수 있는 공간을 만들어 보고 싶어요. 음식치유도 하고, 공간에 와서 쉬어가는 쉼터도 되고, 그런 공간을 조성하고 싶은 게 제 꿈입니다."

조리 있게 말씀을 참 잘하신다. 꿈드림영농법인이 오늘에 이르기까지는 완주군청 농업농촌정책과, 농업기술센터, 문화관광과가 힘을 모았다. 하지만 무엇보다도 정선진 대표의 먹거리에 대한 철학과 배움에 대한 열정이 있었기에 가능했다. 혁신도시에 입주한 한국농수산대학에서 더 배우고 싶다는 정선진 대표, 얼마나 더 발전할지 지켜보고 응원해 주고 싶다.

04
마을 살림꾼이 선녀와 나무꾼으로 환생한 이용규 완두콩 대표 · 최현주 사무장

"선녀상! 얼굴 예쁜 사람에게 주는거여, 뭐여?"
"아니, 일 잘하는 마을 사무장에게 주는 상이랴."
"그럼 나무꾼상은 또 뭐랴?"
"그것도 일 잘하는 사무장에게 주는 상이랴."
"누가 받는디야?"
"최현주 사무장과 이용규 사무장이 받는디야."
"그랴, 두 사람 다 일 잘허잖혀."

마을 사무장의 역할은 매우 중요하며, 마을에서 차지하는 비중이 점점 높아지고 있다. 마을 이장이나 마을 공동체 위원장이 '아빠'와 같은 역할이라면 마을 사무장은 '엄마'와 같은 역할을 한다. 마을 홍보, 고객관리, 장부정리, 체험지도, 주민화합에 이르기까지 마을 살림살이를 도맡아 하고 있어서 마을에 꼭 필요한 사람들이다.

완주군은 2012년도부터 연말에 마을 공동체, 마을 리더, 마을 사무장, 행정, 중간지원조직이 함께 모여 1년을 뒤돌아보고 자축하는 시간을 마련했다. '완주군 마을 공동체 총결산 워크숍'이었다. 서로 격려하고 소통하며 한 해 열심히 일한 마을 공동체를 찾아 상賞을 주었다. 그런데 상 이름이 재미있다. 그동안은 의례적으로 대상, 최우수상, 우수상, 장려상으로 정형화되어 있었다. 그런 틀을 깨보고 싶어 조금 색다른 상을 준비했다. 승승장구상, 대기만성상, 화기애애상, 동고동락상, 마을훈장상, 선녀상과 나무꾼상이 그것이었다.

승승장구상, 대기만성상, 화기애애상, 동고동락상은 마을(지역) 공동체에 주었고, 마을 훈장상은 마을 리더에게, 선녀상과 나무꾼상은 마을 사무장에게 주었다. 가장 눈에 띄는 상은 뭐니뭐니 해도 '선녀상과 나무꾼상'이었다. 많은 사람들이 무슨 상인지, 누구에게 주는 상인지 궁금해 했다.

첫 선녀상과 나무꾼상은 화산면 상호마을 이용규 사무장과 용진읍 두억마을 최현주 사무장이 주인공으로 뽑혔다. 다들 적임자를 뽑았다고 좋아했고, 어느 누구도 이의를 제기한 사람이 없었다.

이용규 사무장은 지방신문 사회부 기자였다. 잘 나가던 직장을 그만두고 2009년도에 완주군으로 귀촌했다. 하지만 시골생활은 녹녹치 않았다. 화산면 산골 마을에 와서 살겠다고 했을 때 마을 사람들은 '멀쩡한 사람이 시골 마을에 뭐 하러 오겠어? 저러다가 금방 나가겠지' 하면서 반신반의했다. 그런 마을 사람들의 생각은

상호마을 주민들은 이용규 사무장(오른쪽에서 두 번째)을
친자식처럼 아끼고 격의 없이 대화를 나눈다.

1년만에 바뀌었다.

　조그마한 산골 마을인 상호마을은 작지만 알차고 내실 있게 공동체 사업을 추진하는 모범 마을로 탈바꿈했다. 2014년도 제1회 행복마을콘테스트(문화 · 복지 분야)에서 농림축산식품부 장관상을 수상했다. 마을 사람들은 "복덩이가 들어 왔당게!" 하시면서 좋아하신다.

　이용규 사무장은 화산면 상호마을에 농지를 구입해서 농사를 짓고 있다. 지금은 상호마을 사무장을 그만두었지만 마을에서는 무슨 일이 있을 때마다 이용규 사무장을 찾는다. 그때마다 싫은 내색 한번하지 않고 마을로 달려간다. 온전히 상호마을 나무꾼이 되었다. 이용규 사무장은 농촌에서의 삶과 더불어 또 하나의 꿈이 있다. 소소한 농촌 마을 사람들의 이야기를 담은 소식지를 만드는 일이었다. 그리고 2012년 10월부터 '완두콩'이란 이름으로 매월 완주 마을 소식지를 만들고 있다.

　완주마을 이야기 완두콩(http://www.wandookong.kr)은 평범한 사람들의 소소한 일상을 담는다. 이웃들의 사소한 이야기를 귀농 · 귀촌인, 마을 사무장, 초보 엄마, 전직 언론인 등 지역 주민이 함께 만든다.

　꽃도 강아지도 마을도 모두 완두콩의 주인공이 된다. 완주 5일장(2014년 11월호), 배움에 나이가 있나요(2014년 10월호), 주경야독 농부들(2014년 7월호), 가업을 잇는 사람들(2014년 1월호), 마을을 지키는 나무들(2013년 8월호), 꽃을 쫓는 벌꿀인생(2013년 7월호), 육지의 어부들(2013년 4월호)이 소개되었다.

2015년 4월호에서는 운주면 대둔산 자락 인근에 있는 광두소光斗所 마을 주민들 이야기가 소개되었다. 광두소 마을은 몇 년 뒤 물속으로 사라진다. 농업용수용 댐이 건설되기 때문이다. 광두소에는 유난히 '제자리 색시'가 많다. 그 마을에서 태어나 그 마을 총각에게 시집간 처녀를 뜻한다. 팔십 평생 마을을 떠나지 않은 분들인데 조만간 댐이 건설되면 어쩔 수 없이 마을을 떠나야 하는 그분들의 심정은 어떨까?

완주마을 이야기 완두콩이 오래오래 발간되었으면 좋겠다. 완두콩 발행인은 미디어 공동체 완두콩협동조합이고 편집인은 이용규, 구독료는 월 2,000원이다.

선녀도 탄생했다. 최현주 사무장이다.

최현주 사무장은 경기도 용인에서 농협에 다니다가 KCC 완주공장에 근무하는 남편을 따라 1999년도에 완주로 귀촌했다. 2007년 10월, 운주면 완창마을에서 사무장을 시작하였고, 2011년 3월부터 용진읍 두억마을 사무장으로 근무하고 있다. 두억마을로 자리를 옮겼을 때 최현주 사무장의 최우선 과제는 마을 주민들과 친해지는 것이었다. 그때 최현주 사무장은 고스톱 치는 어르신들 옆에서 삥(?)을 뜯었다. 간간히 훈수를 두었고 간식도 쏘았다. 그렇게 마을 주민들과 친해졌다.

전국 우수 사무장으로 선발되어 2013년도부터 지금까지 인센티브를 받고 있다. 업무처리와 마을 일에 열정적이고 자기계발에도 소홀함이 없다. 2014년도에는 '농촌 관광 콘텐츠 개발과정'(6개월)을 이수했고, '농어촌 퍼실리테이터 자격증'도 취득했다.

선녀가 마을로 내려온 뒤부터 두억마을은 달라지기 시작했다. 주민들은 사이좋게 지내게 되었고, 마을 공동체 사업은 날로 발전하고 있다. 덕분에 두억마을은 2014년 농촌 여름휴가 페스티벌 체험 마을 부문에서 최우수상을 수상했다. KBS 예능프로인 '해피선데이 1박 2일'에서도 두억마을을 다녀갔다.

2013년 12월 하늘나라에서 선녀가 한 명 내려왔다. 대한민국 완주군이었다. 2014년도에도 하늘나라에서 선녀가 한 명 더 내려왔다. 또 대한민국 완주군이었다. 덕분에 두 명의 나무꾼이 더 생겼다. 완주군민이 '오래오래 웃을 수 있도록 도와주는 보석 같은 일꾼'들이다.

05
농촌 마을 체험과 소규모 테마 여행을 도와주는 41명 농촌체험지도사

"오늘 하루 나 촌장해도 되것어."
"자넨 사무장이잖여!"
"한복입고 두건 쓴게, 오늘은 촌장혀도 되야."
"아따! 촌장이 뭐시 그리 좋다고 욕심낸다냐?"
"옷도 폼나게 입었고, 자격증도 따승게 그라지."

2015년 3월 20일 오후 5시 완주군청 중회의실이 시끌시끌하다.

완주군에 사는 주민 23명이 2주간 빡세게 수업을 받고 전라북도 농어촌체험지도사 자격증 양성과정 수료식에 모여서 그간의 힘들었던 이야기들을 나누고 있기 때문이다.

용진읍 두억마을 박종배 촌장도 보이고, 비봉면 천호성지권역 김정훈 사무장도 보인다. 배추색 한복에 검정색 두건을 쓴 복장이 독특하다. 수료식에 많이 가보았지만 저런 모습은 처음이다.

격려차 수료식에 들른 박성일 완주군수의 눈도 휘둥그레졌다.
"여러분! 참말로 멋있습니다."

농촌 체험지도사, 농촌체험 프로그램을 기획하고 현장에서 마을 자원을 소개하여 마을 방문객들이 차별화된 체험지도를 받을 수 있도록 도와주는 전문 인력이다.

최근 소규모 테마형 수학여행과 체험학습이 늘어나고 있는데, 농촌 마을에서 교육기관과 계약할 때 반드시 필요한 자격증의 하나가 체험지도사 자격증이다. 농촌 체험운영을 활성화하고 농촌 체험운영 인력의 역량을 강화하기 위해 완주군에서 '농촌 체험지도사 양성과정' 교육을 기획했다.

완주군 마을 리더, 마을 사무장, 주민 23명이 11일간(2015년 3월 9일~3월 21일) 이론 및 실습교육을 받았다. 2주간 12회에 걸쳐 주제별 체험프로그램 기획과 운영, 농촌체험 지도기법, 교육 교재개발, 안전사고 예방과 대응방법 등 체험현장에서 필요한 실무위주 교육으로 모두 93시간을 이수했다. 아침 9시부터 밤 9시까지 진행되는 강행군이었다. 한 명의 낙오자도 없이 23명 전원이 수료하여 전라북도 농촌 체험지도사 자격증을 취득했다.

돌아보면 중학교, 고등학교 학창시절 소중한 추억의 한 페이지, 그 속에 수학여행은 단골메뉴였다. 딱딱한 의자에 앉아 수업을 받

완주군 농어촌 체험지도사 1기 〈자료〉마을통

완주군 농어촌 체험지도사 2기 〈자료〉마을통

제5장 뽀빠이 공무원을 돕는 지역 일꾼들

는 대신 친구들과 멀리 떠나는 여행이었으니 얼마나 즐겁고 신명 났던지 경주, 설악산, 제주도는 단골코스였다.

하지만 수학여행도 패러다임이 바뀌고 있다.
대규모 단체로 갔던 수학여행은 줄어들고 소규모 테마형 수학여행은 늘어나고 있다.

주 5일제 수업과 근무가 정착되면서 마을을 찾아 다양한 농촌체험을 즐기려는 사람들이 늘어났기 때문이다. 이제 완주군을 찾는 소규모 테마형 수학여행과 농촌 마을 체험은 완주군 농촌 체험지도사가 책임을 지게 된다.

수료식 내내 화기애애했지만 교육을 받고 느낀 소감과 다짐을 동영상을 통해 확인했을 때는 마음이 찡했다. 농촌 체험지도사 양성과정 교육생 모두의 한결같은 마음이 전해졌다.

> 우리의 힘으로 한번 해보자는 일념으로 모였습니다. 처음엔 서먹서먹했지만, 딱딱하고 고된 일정 속에서 참고 이겨낼 수 있기까지 우리 마을을 위해 꼭 해내야 한다는 뜨거운 열정과 헌신이 있었습니다.
>
> 서로서로 격려하고 서로를 보듬어 주며, 마을을 활성화하고 살려내기 위해 최선을 다했습니다. 내가 편하면 누군가는 힘들어하겠지, 내가 배우고 노력하면 누군가는 행복해질 거라고 생각했습니다. 우리에게 주어진 2주간의 소중한 시간들을 허투루 보낼 수 없어서 매순간 순간 마을을 걱정했습니다.
>
> 피곤할 텐데도 서로 웃고, 지쳤을 텐데도 포기하지 않고, 서로의 사랑이 우리의 희망으로, 우리의 노력이 마을의 발전으로, 주민이 행복하고 보람 있는 삶이 될 수 있도록 밀알이 되는 시간이었습니다.
>
> 앞으로도 서로서로 도와가며 함께 이루겠습니다. 여러분 수고하셨습니다. 감사합니다.

 "멋지게 한복으로 갈아입으신 여러분들 모습과 동영상에 소개된 교육과정 영상모습을 보고 감동을 받았습니다. 한편으론 눈시울이 뜨거웠습니다. 여러분들이 이렇게 열심히 노력해 주시니 든든하고 뿌듯합니다. 농업은 경제논리로만 접근해서는 안 된다고 생각합니다. 수료식이 끝난 뒤에도 '완주군 체험연구회'라는 동아리를 통해 소통하고 학습하신다니 기대가 큽니다." 수료식에 참석했던 박성일 완주군수 인사말에는 정감이 가득했고, 눈가에는 눈물이 그렁그렁 맺혔다.

농촌 체험지도사 양성과정 수료식 소식을 페이스북에 올렸더니 반응이 뜨겁다.

"강 팀장님 저는 전주에 사는 주부인데 저도 받을 수 있나요?"
"수료식 의상이 정말 멋지네요, 농어촌 체험지도사에 딱입니다."
"축하드립니다. 모두가 바쁘신 분들이 참 대단한 일 해내셨군요? 체험천국 완주군 기대합니다"라는 댓글을 올려주셨다.

카카오톡으로 질문도 받았다.

"팀장님~~~ 질문요. 농촌 체험지도사, 이거 또 하나요?"
"왜요? 관심 있으세요?"
"네, 저도 한복에 촌장 모자쓰고 싶어요. 재미있을 것 같아서요."

2016년 5월 9일, 농어촌체험지도사 자격증 양성과정(2기)을 통해 18명이 자격증을 취득했다. 이제 완주군에는 41명의 농촌체험지도사가 생겼다.
'즐거운 마을 여행, 체험천국 완주군', 덕분에 완주군 농촌 마을에 활기가 가득할 것 같다.

06
완주 여행, 콕콕 집어서 알려주는
(사)마을통 임채군 단장

임채군 단장은 전주에서 레스토랑을 운영했다. 장사도 썩 잘되었다. 그러던 중 2010년도 11월, 완주마을여행사업단 (사)마을통(www.maultong.com) 일원이 되었다. 2011년 7월부터 12월까지 6개월간 완주마을 체험 자원 조사를 진행했다. 마을의 자원과 가치를 찾아 스토리텔링을 만들고 활용 가능한 체험프로그램을 개발했다. 13개 읍면 37개 마을을 조사하고 주민 인터뷰를 진행했다.

임 단장은 붙임성이 좋고 서글서글해서 마을 주민들과 쉽게 친해졌다. 인터뷰가 끝나면 마을 어르신들은 "어이 임 단장! 밥 먹고 가"라고 권하셨다. 어머님들은 푸성귀를 뜯어서 주었고, 취나물도 가져가라며 챙겨 주셨다. 도시 생활에서 느낄 수 없었던 순박함과 따뜻한 인정이었다. "묘한 감동이었죠, 돈 많이 벌었을 때 느끼는 감정하고 확실히 달랐습니다. 제가 완주를 외부에 알리는 일도 즐거웠지만, 더욱더 기분 좋았던 것은 지역 어르신들, 특히 어머님들이 고맙다고 말씀하실 때 느끼는 행복감이었습니다. 그래서 어르

투어바이크에 탑승하면 누구나 즐거워한다(가운데가 임채군 단장). 〈자료〉마을통

신들과 친해질 수 있었다는 겁니다." 임 단장의 그런 마음가짐이 험난했던 완주에서의 생활을 견디게 해준 든든한 버팀목이 되었다.

임 단장은 아이디어가 참 많다. 불쑥불쑥 이런저런 제안을 꺼내 놓는다. 투어바이크도 그렇고, 완주군 체험홍보단 위촉도 그렇다.

완주군 고산휴양림에 가면 '투어바이크'가 있다. 대한민국에 딱 두 대밖에 없는데, 모두 완주군에 있다. 15명이 탑승하여 열심히 페달을 밟으면서 경치도 보고, 얘기도 나눌 수 있는 다인승·다기능 자전거다. 2013년 세계 막사발 축제에 참석했다가 투어바이크를 체험했던 무스트루바시카(터키) 씨는 "투어바이크를 타고 고산휴양림 언덕을 올라오는 것이 너무 재미있었다"며 소감을 들려주었다. 투어바이크는 임 단장이 지인을 통해 네덜란드에서 직수입했고, 구입비용도 임 단장이 돈 벌어 갚는 조건으로 부담했다. 투어바이크 체험은 인기가 매우 높아 지속적인 소득이 가능할 것 같다.

관광버스 기사들을 '완주군 체험관광 홍보단'으로 위촉했다. 완주군 농촌 마을을 활성화하고 체험객을 유도하기 위해 버스랩핑 광고를 통해 체험천국 완주를 알리고 인지도를 높이려는 취지였다. 대형 관광버스 앞면, 옆면, 뒷면에 아이가 환하게 웃고 있는 모습과 함께 '완주에서 본 내 아이의 미소, 체험천국 완주'라는 완주군 체험 홍보물을 부착했다. 아이가 완주에 와서 체험을 하면 표정이 바뀐다는 의미다. 광고모델은 임유경, 눈에 넣어도 아프지 않은

버스랩핑 광고 '완주에서 본 내 아이의 미소' 〈자료〉마을통

임 단장의 딸이었다. 광고비를 아껴보자는 의미도 있었지만 '내 자식에게 시켜주고 싶은 체험을 만들겠다'는 의지가 담겨 있었다.

고려항공여행사 김영식 씨와 5명의 기사가 참여했는데 버스랩핑 광고비용 전액(1인당 80만 원)을 자부담했다. 행정에서는 완주군 체험관광 홍보단 위촉장(1인당 1만 원)을 예쁘게 만들어 드렸다. 대신 선진지 견학을 떠나거나 장거리 여행을 하는 기관·단체가 있으면 연계해 주었다. 완주군을 홍보하는 버스를 타니 군민들도 무척 좋아했다.

임 단장이 완주에 와서 제일 적응이 안 되었던 것은 '과연 이렇게 해서 밥 벌어 먹고 살 수 있을까?'라는 생각이었다. 사회에서는 말이 될 수 없는 일을 너무 많이 목격했기 때문이다.

"수학여행단이 왔는데 낮에 완주를 돌고 저녁에 마을에 가서 밥을 먹어야 하는데 밥을 준비하던 어르신들이 싸우고 집에 가버리신 거예요. 마을에서 오늘 못 받겠다고 전화가 왔어요. 또 어떤 마을에

갔는데 저녁식사 반찬은 준비가 되었는데 밥이 준비가 안 된 거에요. 밥을 담당했던 어머님이 깜빡하고 밥솥 코드를 안 꽂은 거예요.

또 있어요. 시골에는 벌레가 많잖아요. 이불을 덮었는데 지네가 나온 거예요. 그리고 물렸어요. 응급약 발라주고 죄송하다고 해야 하는데, 주민들은 너무나 태연하게 '아! 그거 된장 바르면 나아'라고 말씀하셨단 말이죠! 농촌을 이해하는 사람들이 오면 그런 농촌의 순박한 맘을 받아주겠지만, 그렇지 않은 사람들이 더 많다는 게 문제죠. 도시민 입장에서는 농촌에서 발생되는 그런 일들이 도무지 이해가 되지 않는다는 겁니다. 도시와 농촌이 교류하고 상생해야 하지만 여전히 문화의 갭, 생각의 갭이 있어요. 그러니 제가 중간에서 얼마나 힘들었겠어요?"라며 목소리를 높인다.

에피소드도 참 많았다. 용진읍 신봉마을에서는 귀농·귀촌인과 현지에 살고 계셨던 주민들이 겨우 민요 세 곡 배웠을 뿐인데 임 단장이 최종순 이장에게 체험프로그램을 진행해 보자고 제안을 했다.

최 이장 "노래도 세 곡 밖에 모르는데 누가 우리 노래를 듣겠냐고요?"
임 단장 "이장님! 그건 제가 알아서 할테니, 걱정 마시고 일단 시작합시다."

2013년 12월 신봉마을에 첫 방문객이 찾아왔다. 화음도 완벽하지 않았고, 어르신들이 민요를 부르는 도중에 부채를 펼쳤는데 몇 분

마을에 와서 함께 어울려 주니 신봉마을 어르신들도 즐겁다. 〈자료〉마을통

의 부채가 바닥에 떨어지기도 했다. 처음이라 많이 서툴렀다. 민요가 끝나고 마을을 찾은 손님 중 한 분이 임 단장을 찾아와 90도 인사를 했다. "비싼 돈 주고 좋은 공연 많이 봤지만 이렇게 가까이에서 가슴 뿌듯해지는 공연은 처음 보았습니다. 너무나 고맙습니다"라고 했다. "우리도 할 수 있구나, 진심은 통하는구나" 최종순 이장도, 임 단장도 용기를 얻게 되었다.

2014년 8월 타지에 있는 초등학교 학생들이 단체로 신봉마을을 찾아왔다. 마을 회관이 공사 중이어서 옥상으로 올라가는 계단이 없었다. 최종순 이장과 마을 주민들은 더위를 조금이나마 해소할 수 있도록 밤새도록 마을 회관 앞에 그늘막을 쳤다. 공연이 시작되기 전, 임 단장이 마을 소개를 했다.

임 단장 "이 마을은 여러분들이 그냥 스쳐 지나갈 수도 있는 곳입니다. 하지만 자세히 살펴보면 보석 같은 마을입니다. 귀촌하신 분들과 마을 분들이 사이좋게 민요를 배우고 있습니다. 여러분들과 인솔교사께서 앉아있는 이곳은 단순한 길바닥이 아닙니다. 밤새도록 그늘막을 쳤던 마을 어르신들의 사랑이 깃들어 있는 장소입니다. 이 세상의 그 어떤 안락한 소파보다도 더 정성이 깃들어 있습니다."

공연도 끝났고 헤어질 시간이 되었는데 아이들과 마을 어르신들이 서로 부둥켜안고 떨어질 줄을 몰랐다. 서로 헤어지기 싫다고, 너무 고맙다며 눈물을 흘리고 있었다. 임 단장이 완주에 와서 보았년 수많은 현장 중에서 가장 기억에 남는 감동적인 순간이었다.

임 단장은 '농촌 여행은 미친 짓이다. 그래서 미친 놈이 해야 한다'는 생각을 갖고 지낸다. 그만큼 농촌 여행이 어렵다. 농촌으로 떠나는 여행, 개인은 별 문제가 없지만 단체 손님, 특히 수학 여행은 예약받기가 어려운 구조다. 수학 여행을 위해 답사를 온 선생님들은 대부분 소규모 농촌 테마 여행에 큰 만족을 느낀다. 하지만 행정실과의 문제가 남아있다. 학교 행정실에서 요구하는 서류가 많은데, 도시형이나 관광지형에 맞춰져 있다. 체험관련 보험, 위생 점검 확인증, 화재 점검 확인증은 증빙 가능하지만 일반음식점 허가증, 단체급식 허가증, 조리사 자격증, 영양사 자격증 등은 소규모 농촌 마을에서 증빙하기가 버겁다.

강 팀장 "그럼 무슨 방법이 없겠습니까?"
임 단장 "'정부나 지자체가 허가나 인가를 내준 시설에 한하여 '도시나 관광지 허가기준에 준한다'라는 지침서 하나만 넣어주면 해결됩니다. 학교는 사고에 매우 민감합니다. 교육부에서 교육청으로 지침을 내려주거나 교육청에서 교육부로 지침 변경을 요구하면 되는데 거기에서 꽉 막혀 있습니다."

2013년도 8월 강원도 정선군에 있는 한 마을을 임 단장과 함께 방문한 적이 있었다. 그 마을은 지난 5년간 6만여 명의 수도권 수학여행단을 유치한 곳이다.

임 단장 "위원장님은 학교 행정실에서 요구하는 증빙서류를 어떻게 처리하고 계십니까?"

위원장 "학교에서 요구하는 증빙자료는 농촌 마을에서는 처리할 수 없는 게 대부분입니다. 저희는 서류를 증빙할 수 없다고 솔직하게 얘기합니다. 그래도 수학 여행 예약이 밀려 있습니다."

농촌 소규모 테마 여행이 활성화되려면 제도보완이 필요해 보인다.

임 단장은 주변 사람들의 가정사에도 적극적으로 개입한다. 재혁이는 어릴 적부터 아빠를 잘 따랐다. 아빠랑 놀고 싶은데, 아빠는 군청 일로 너무 바빠 얼굴 보기가 힘들었다. 한참 감수성이 예민했던 재혁이는 아빠에게 불만이 쌓여가면서 성격이 까칠해졌다.

임채군 단장이 자청해서 재혁이를 데리고 캠핑을 갔다. "재혁아! 아빠 자주 못 만나서 속상하지?" 재혁이가 고개를 끄덕였다. "재혁이 니가 양보해 준만큼 세상이 얼마나 더 좋아졌는지 모른단다. 아빠가 하시는 일이 할아버지, 할머니가 많이 사시는 농촌 마을을 좋게 하는 일이거든. 아빠가 일을 정말로 많이 하셔. 그리고 아빠가 너랑 놀아주지 못해 많이 미안해 하시더라. 아빠가 그런 사람이야." 재혁이 눈에 눈물이 그렁그렁 맺혔다. 그 뒤로 중학교 1학년 사춘기 소년은 아빠의 소중함을 다시금 알게 되었고, 예전 모습으로 되돌아 갈 수 있었다. 완주군청 임동빈 팀장 이야기다.

나는야 뽀빠이 공무원

제 6 장

뽀빠이
공무원 제대로 필받다

1. 청와대에 불려가서 완주군 사례발표를 하다
2. 주민에게 도움 주는 원칙을 정하고 함께 실천하다
3. 넌 PPT, 난 프레지랑께!
4. 휴먼 라이브러리에서 사람책이 되다
5. 향부숙에서 배우고 지역 현장을 찾아가다
6. 대한민국 최고 공무원을 꿈꾼다

01
청와대에 불려가서
완주군 사례발표를 하다

"완주군 사례는 자주적이고
스스로 지역 내 문제를 해결해 나가는 정책이
성공할 수 있다는 것을 보여줍니다.
발전의지가 있고 역량이 있는 곳에
선택과 집중을 하겠습니다."

2013년 3월 22일 오전 11시 청와대 영빈관에서 농림축산식품부 대통령 업무보고와 토론회가 있었는데, 박근혜 대통령이 완주군청 농촌활력과 강평석 팀장의 완주군 지역 공동체 활성화 사업 추진 사례를 듣고 한 말이다. 대통령 업무보고 및 토론회에 완주군 공무원 6급 팀장을 포함시킨 것도, 완주군 토론자를 일상적인 의전의 틀을 깨고 대통령 바로 오른쪽 옆자리에 배치한 것도 이례적이었다.

청와대 사례발표를 하면서 경험했던 세 번의 멘붕, 그때를 생각하면 지금도 식은땀이 난다.

부처별 대통령 업무보고는 통상 연말에 정부청사에서 이루어졌다. 하지만 정부조직법 개정이 늦어지는 바람에 농림축산식품부 업무보고도 늦어졌다. 농림축산식품부 장관과 차관, 국장, 기조실장, 국회의원, 농식품부 산하기관, 현장전문가 등 150여 명 정도가 참석했다. 종래에는 업무보고(20분)만 하고 끝났는데, 토론회(40분)가 추가되었다.

좌석 배치는 메인테이블(1개)과 서브테이블(좌우 2개씩 4개), 그리고 방청석으로 나누어졌다. 메인테이블에는 대통령과 국무총리 등 VIP들과 토론자 등 9명이 배석했고, 서브테이블(오른쪽 2개, 왼쪽 2개)에는 장관, 비서실장, 토론자 등 28명이 배석했다. 당초 내 자리는 서브테이블 오른쪽 두 번째 줄 다섯 번째였다.

3월 22일 오전 9시 30분 강 팀장*은 청와대 영빈관에 도착했다. 무의식적으로 자리와 명패를 확인했다. 그런데 오른쪽 서브테이블에서 아무리 명패를 찾아도 찾을 수가 없었다. 혹시 왼쪽이었던가, 왼쪽 서브테이블로 이동해서 명패를 찾았지만 역시 없었다. 어떻게 된 건지 식은땀이 났다. 그러다가 문득 '내 자리가 취소되었나 보구나. 그럼 연락이라도 해주지'하는 야속한 생각이 들었다.

---

* 6급 주사에 대한 명칭은 계장, 담당, 팀장 등으로 다르게 사용하고 있다. 완주군은 2015년 1월 1일부터 '팀장'이란 명칭을 사용하고 있다.

집으로 돌아가려고 뒤돌아서서 청와대 영빈관을 나서려다가 '그래, VIP 자리는 어떻게 생겼을까? 여기까지 왔는데 구경이나 한번 하자'는 생각이 들었다. 그렇게 VIP 자리를 확인하고 궁금증이 해소될 즈음, VIP 바로 왼쪽 옆자리 좌석 명패가 눈에 들어왔다. '완주군 마을회사육성팀장 강평석.' 그 순간 내 눈을 의심했고, 다시 명패를 확인했다. '완주군 마을회사육성팀장 강평석' 동일했다. 그 순간 '첫 번째 멘붕'이 왔다. 그렇게 10분 이상을 멍하니 그 자리에 서 있었다.

원래 그 자리는 정홍원 국무총리 자리였다. 그런데 정홍원 국무총리가 급히 다른 곳에 갈 일이 생겼고, 내 자리로 교체된 것이었다. 하지만 어느 누구도 자초지종을 얘기해 주지 않았다.

토론자로 지방자치단체 현장전문가 두 명이 초대되었다. 모두 현장 경험이 풍부한 지방자치단체 공무원으로 선정했다고 한다. 전북 완주군 강평석 마을회사육성팀장과 경북 문경시 농산물가공담당이었다. 그리고 두 사람은 나란히 대통령 오른쪽과 왼쪽에 배석했다.

비서실장으로부터 대통령을 영접해서 영빈관으로 안내하라는 미션을 받았고, 문경시 농산물가공담당과 함께 대통령을 안내했다. 대통령이 자리에 앉기 전에 잠시 포토타임이 있었다. 플래시가 터지기 시작하는 데 정신을 차릴 수가 없었다. 시선을 어디에 두어야 하는지, 표정을 어떻게 지어야 하는지 세상에 태어나서 그렇게 많은 플래시 세례를 받아본 것은 처음이었다.

이동필 농림축산식품부 장관이 대통령에게 업무보고를 했다. 업무보고가 끝나고 토론회가 시작되었다. 사례 발표자가 사례 발표를 하고 간단한 토론을 한 뒤, 다음 사례 발표자가 사례를 발표하는 순서로 진행되었다. 문경시 공무원은 두 번째 사례 발표자였고 나는 다섯 번째 사례 발표자였다.

문경시 공무원은 2분이라는 짧은 사례 발표 시간을 꿈 이야기로 시작했다. "안녕하세예, 저는 문경시청 농업기술센터에 근무하고 있어예. 제가 있지예, 얼마 전 꿈을 꾸었는데예, 문지기 꿈을 꾸었다 안캅니까? 그래서 오늘 이 자리에 초대되었고, 대통령 바로 옆자리에 앉게 된 것 같아예." 그렇게 한참을 더 이야기하다가 원고를 꺼내들었다. "제가 있지예, 원고를 준비했는데예, 대통령님 옆에 앉으니 원고가 하나도 안보이네예." 그러면서 원고를 딱! 덮더니, "문경은예, 오미자가 유명하다 안캅니까?" 그렇게 문경시 농산물 6차 산업 사례를 소개했다. 문경시 공무원은 농촌지도사로 문경시에서 10년 넘게 농민교육을 전담하고 있는 베테랑이었고 선수 중에 선수였다. 당연 발표가 능수능란했다.

그 순간 '두 번째 멘붕'이 왔다. 난 꿈 이야기를 준비하지 않았고 선수와는 거리가 멀었다. '나도 꿈 얘기를 해야 되나, 원고는 어떡하지? 첫 멘트는 무슨 말로 시작하지?' 내 차례가 올 때까지 심한 갈등과 고민의 연속이었다. 식은땀이 났다. 사실 농림축산식품부

이 사무관에게 발표에 관해 물어보았었다. "사무관님! 원고는 암기해서 발표해야 합니까?" "그러실 필요 없습니다. 원고를 펼쳐놓고 차분하게 또박또박 읽으시면 됩니다."

이 사무관 말만 철석같이 믿고 원고를 암기하지 않은 게 후회스러웠다. '공식자리에서 발표는 이렇게 하는구나.' 그렇게 고민과 걱정을 반복하고 있을 때 내 차례가 왔다. 원고를 수도 없이 보고 또 보았기에 사실 원고 없이도 발표는 가능했다. 하지만 극도의 긴장감으로 실수할 수도 있을 것 같아 진심을 담아 원고를 차분하게 읽어야겠다고 마음먹었다.

> 완주군은 이농·이촌으로 인한 인구 감소와 고령화, 일자리 감소 등 농촌에 활력이 떨어져 고민이 많았습니다. 2008년 선진국의 지역 공동체 활성화(CB) 사업을 접하고, 이를 완주군에 맞는 지역 공동체 활성화 사업으로 발전시켜 왔습니다.(이하 생략)

그러다가 문득 다른 사람들의 반응이 궁금해졌다. '내 이야기를 잘 듣고 있을까? 어떤 표정들일까?' 고개를 들어 청중을 살펴 보았다.

그때 눈을 감고 있는 비서실장 모습을 발견했다. 그 순간 '**세 번째 멘붕**'이 왔다. '내 얘기가 재미없나 보구나. 문경시 공무원이 발표할 때는 웃으면서 리액션도 그리 잘해주시더니' 참 야속했다. 또 한편으론 내가, 더 나아가 완주군민이 무시당하는 것 같았다. 다른 것은 몰라도 완주군민이 무시당하는 것은 참을 수가 없었다.

그 순간 오기가 생겼다. '그래 내가 무슨 일이 있어도 저 분 눈은 꼭 뜨게 해야겠다.' 그럼 어쩌지? 이렇게 발표해서는 안 될 것 같았다. 반전이 필요했다. '맞아! 완주군만의 생생한 현장 목소리를 들려주자.' 그런데 어떤 걸 들려주지? 고민스러웠다. 먼저 각본에 의해 쓴 원고를 조용히 덮었다.

그리고 심호흡을 크게 한 번 하고 조용히 눈을 감았다. 2년 넘게 추진해왔던 완주군 마을(지역) 공동체 사업들을 뒤돌아보았다. 수많은 일들이 파노라마처럼 스쳐 지나갔다. 환하게 웃고 있는 군민들의 모습이 떠올랐다. '그래! 주민들도 나를 응원하고 있다. 그런데 내가 여기서 좌절하면 안 되지. 더 힘을 내자!' 그때 섬광처럼 두레농장 사례가 떠올랐다.

두레농장은 완주군에서 전액 군비로 추진하고 있는 농촌 노인을 위한 생산적 복지 일자리 정책이다. 마을에 일터를 만들어서 어르신들이 와서 함께 일하고, 일한 만큼 월급을 받는 공동 농장이었다. "소양 인덕두레농장에서 일하고 계시는 어르신께서 6개월 동안 일해서 받은 월급을 모아놓았다가 손주 대학등록금으로 내어 놓았더니 며느리가 꼼짝 못하게 되었다는 이야기, 뒷방 늙은이로 역할이 축소되어가는 어르신들이 일터가 생기니 건강해지고, 가정에서도 역할을 찾으니 지역에 활력이 넘친다"며 완주군 이야기를 풀어 놓았다. 사례가 소개되자 비서실장은 눈을 뜨고 고개를 끄덕여 주었다. 그리고 다른 완주군 발표도 경청했다. 그렇게 '완주군 지역

'공동체 활성화 사업 추진 사례' 발표가 끝이 났다.

'The longest day, 세상에서 가장 긴 하루'라는 영화제목이다. 내게는 세상에서 가장 긴 2분이었다. 토론회가 끝나고 다른 사람들은 2층 오찬장으로 이동했지만 나는 한참동안 그 자리를 떠나지 못했다. 긴장이 풀렸고 다리에 힘이 빠졌기 때문이었다. 그때 토론회 사회자 여인홍 농림축산식품부 차관님이 옆으로 다가오셨다. 여인홍 차관님은 완주군 사례 발표가 확정되고, 직접 완주군에 찾아오셔서 완주군 현장을 꼼꼼히 둘러보셨던 분이다.

"강 팀장님! 멀리서 오시느라 수고 많으셨습니다. 오늘 두레농장 사례는 감동적이었습니다"라며 환하게 웃으셨다.

모든 일정을 마무리하고 고속버스로 내려오면서 임정엽 군수님에게 전화를 했다.
"군수님! 발표 잘 마쳤습니다. 이제 내려갑니다."
"그래! 수고했어, 발표는 잘했나? 대통령 눈은 똑바로 쳐다보고 했겠지?"
"아뇨. 그렇게 못했습니다."
"아니, 왜?"
"대통령 바로 옆자리에 앉아서 똑바로 눈을 볼 수가 없었습니다."

군수님은 껄껄껄 웃으셨다. 나도 따라서 한참을 함께 웃었다. 그 웃음 속에 완주군의 희망과 군민들의 행복이 함께 피어올랐다.

02
주민에게 도움 주는
원칙을 정하고 함께 실천하다

2011년 7월 7일 농촌활력과 마을회사육성담당으로 발령이 났다. 업무도 어려운데다가 전임 담당 계장이 벌려놓은 일까지 깔끔하게 마무리해야 했으니, 주변에서는 '고생문이 열렸다'며 걱정해주었다. 낮에는 마을을 돌아다녔고, 밤에는 꼼꼼히 업무를 살폈다. 업무파악도 시급했지만 현장이 먼저여서 차근차근 현장을 살펴보았다. 그렇게 두 달 넘게 현장을 둘러보고 세 가지 원칙을 정했다.

첫째, 주민과의 약속은 신중하게 한다. 대신 약속했으면 반드시 지킨다.

상관면을 방문했는데 주민들의 시선이 차가웠다. 2011년도 완주군 자체 마을 만들기 사업인 '참살기 좋은 마을 사업'에 완주군 15개 마을이 신청했다. 2개 마을은 탈락했고, 13개 마을이 한 달 넘게 강도 높은 교육을 받았다. 그런데 3개 마을만 최종 선정하고 나머지 10개 마을은 예비 마을이라고 발표했다. 예비 마을은 2011년도 사업지원이 안되니 엄밀히 말하면 탈락이나 다름없었다. 마을 반발을 의식한 면피성 행정 처리였다. "한 달 내내 교육시켜 놓고 이게 뭡니까? 우리가 붙은 겁니까? 떨어진 겁니까?" 예비 마을로부터 반발이 거셌다. 상관면 마을도 그중 하나였다.

2012년도 참살기 좋은 마을 사업의 시작은 2011년도 예비 마을 10개 마을을 우선 선정하는 것으로 출발했다. 전임 계장의 약속도 내가 한 약속이라고 생각했다. 마을 현장에 나가면 주민들로부터 수많은 이야기와 건의사항을 듣는다. 그때 '알겠습니다'라는 표현은 가급적 자제한다. 주민들은 공무원이 하는 '알겠습니다'를 '가능하다'는 의미로 해석한다. 약속을 지킬 자신이 있는 내용은 '알겠습니다'라고 대답했고, 대답한 것은 꼭 지키도록 최선을 다했다. 대신 어렵거나 안 되는 것은 반드시 따로 이유를 설명해 주었다.

둘째, 지속적인 관심과 애정으로 주민을 대한다.
"우리가 무슨 회사를 만들어. 우린 그런 거 잘 몰라." 그런 주민들과 함께 마을 공동체를 만들어 회사 수준까지 끌어 올린다는 게 말처럼 쉽지가 않았다. 연초에 보조금 주고 연말에 정산하면 그만인데, 명시이월과 사고이월까지 해가면서 몇 년씩 마을 공동체 회사를 체계적으로 육성했던 이유는 단 한 가지였다. 20년 뒤에도 유지되는 마을 공동체를 만들어 지속시키면 어려운 농촌이 조금이나마 나아질 거라는 희망에서였다. 그게 가능하기 위해서는 주민들의 역량을 높이는 게 핵심이었다.

마을회사육성담당이 된 후 시간만 나면 마을로 달려갔다. 주민이 1명이어도 좋고, 10명이어도 좋고, 20명 이상이어도 좋고, 아무도 없어도 상관없었다. 낮에도 나갔고 늦은 밤에도 나갔고 주말에도 나갔고 휴일에도 나갔다. 100번 이상 나간 마을도 있었다.

처음 마을을 찾아가면 아무도 반겨주지 않았다. 10번 이상 나가면 "저 사람 누구여"라며 옆 사람에게 물어보고, 20번 이상 나가면 "저 공무원 이름이 뭐여"라고 물어보고, 30번 이상 찾아가면 "저러다 말겠지"라는 표정으로 바라본다. 50번 이상 나가면 그때서야 귀를 기울이고, 70번 이상 나가면 마음을 열고, 100번 이상 나간 뒤에야 "내가 도와줄 일이 뭐여"라며 말을 걸어왔다.

주민들은 지속적인 관심과 애정을 확인한 뒤에야 비로소 마음을 열었다. 그리고 오랜 경험과 현장 노하우와 지혜를 덤으로 얹어주었다.

셋째, 머리가 아닌 현장에서 답을 찾는다.

2012년도 완주군 마을 리더 일본 연수가 있었다. 4박 5일이었고, 장소는 일본 큐슈였다. 이동이 많았기에 버스를 이용했다. 나는 맨 앞자리에 앉았고 옆자리는 일부러 비워두었다. "하고 싶은 말씀 있으시면 여기 오셔서 제게 다 말하세요"라고 했더니, 첫날 오후에 한 분, 둘째 날 오전에 두 분이 다녀가니, 그 뒤부터는 마을 리더들이 줄을 이었다. 소소한 마을 이야기부터 우리 마을이 더 발전하려면 예산 지원이 필요하다는 이야기까지 다양했다.

일본 구기노무라 메밀국수 체험장

이야기를 다 들어주었고, 종종 장단을 맞춰 드렸다.

4일차 오전, 큐슈 지역 '부도우바타'라는 농산물 직매장을 방문했다. '부도우바타'는 지역 여성 5명이 만든 농산물 직매장이었다. 땅도 건축비도 모두 자부담으로 해결한 곳이었다. 65세 여성이 대표를 맡고 있었다. 여성 대표의 설명이 끝나자 완주군 마을 리더들의 질문이 쏟아졌다.

마을 주민 "땅은 그렇다 치더라도 건물 짓는데 돈이 꽤 많이 들어갔을텐데 어찌 조달했나요? 행정에서 지원금은 얼마나 받았습니까?"

여성 대표 "건축에 필요한 자금은 모두 저희 여성 농업인들이 부담했습니다. 행정으로부터 도움은 처음부터 생각하지 않았고, 그 생각은 지금도 변함이 없습니다."

여성 대표가 딱 부러지게 의견을 얘기하자 주민들은 말문이 막혔다.

그때 현장에 있었던 나는 말을 덧붙였다. "일본은 이미 10년 전에 보조금이 사라졌습니다. 지역 주민들이 지역 활성화를 위해 스스로 치열하게 노력하고 있습니다. 오늘 여러분들이 보신 부도우바타 직매장이 좋은 사례입니다."

4일차 오후부터 내 옆좌석으로 더 이상 주민들이 찾아오지 않았다. 일본 여성 농업인들도 저렇게 노력을 하고 있는데, '나는 무엇을 어떻게 해야 하는지' 고민하는 기색이 역력했다. 백문불여일견(百聞不如一見)이요, 백견불여일행(百見不如一行)이었다.

03

넌 PPT
난 프레지랑께!

 2014년 10월 7일 완주군 고산중학교 학생들이 탄성을 지른다. "화면이 꿈틀꿈틀거리는 것 같아요." 고산중학교 강당에 모인 학생들 반응이 뜨겁다. 고산중학교 3학년 학생 40명이 진로체험 교육을 위해 강당에 모였다. 오늘은 고산중학교 진로체험 교육이 있는 날, 교육 주제는 '강 계장이 들려주는 공무원 이야기', 강사는 완주군청 농촌활력과 강평석 계장이다.

 고산중학교에 근무하는 초등학교 동창 선생님으로부터 진로체험 교육을 제안 받고, 우리 지역에 있는 중학생들에게 공무원 이야기를 들려주는 것도 좋을 것 같아서 흔쾌히 수락했다. 하지만 주위에서는 "아이고, 중학교 3학년 그 악동들을 데리고 어쩌시려고 그러세요? 지금이라도 늦지 않았으면 빨리 못한다고 하세요"라며 염려를 했다. 나는 고민 끝에 세 가지를 준비했다. 첫째, 강의자료를

고산중학교 학생들에게 했던 프레지 강의 첫 화면

프레지Prezi로 만들었다. 둘째, 인터넷을 적극 활용했다. 셋째, 빛바랜 나의 초등학교 졸업사진을 준비했다. 히든카드였다.

프레지로 만든 '강 계장이 들려주는 공무원 이야기'는 역동적이었다. 화면이 살아 움직이니 호기심 많은 중학생들의 눈이 반짝거렸다. 틈틈이 네이버를 클릭했고, 검색에서 '강평석'을 입력하고 조회했다. 그리고 인터넷에 소개되어 있는 강평석 계장의 공무원 이야기를 소개해 주었다. '박원순 시장이 대한민국 최고 공무원 강평석 팀장이라고 칭찬한 사연', '청와대를 다녀온 이야기', '사람책 강평석 계장 이야기' 등이었다. 모두 다 거짓말 같은 참말이었다.

끝으로 빛바랜 사진을 보여주었다. 그 사진 속에는 고산중학생들이 아는 사람 세 명이 있었다. 고산중학교에 근무하고 있는 초등학교 동창 두 분 선생님, 그리고 나, 히든카드는 중학생들의 호기심을 자극하기에 충분했다. 선생님 두 분이 자기들보다 어린 모습으로 화면에 나타났으니, 아이들 반응이 가히 폭발적이었다. 완주군의 위상이 급격하게 높아지고 있다는 소식도 전해주었다. 해외에서까지 완주군 벤치마킹이 쇄도하고 있다고 하니 아이들이 놀라는 모습이 역력했다. 그렇게 50분이 훌쩍 지나갔다.

프레지는 줌인, 줌아웃을 통해 역동적인 표현과 스토리텔링이 가능한 매력적인 웹기반 프레젠테이션 도구이다. 내가 프레지를 배운 사연은 2010년도로 거슬러 올라간다.

2010년 12월 전북대학교 삼성문화회관에서 '**프로젝트 청춘 비상飛翔, 세상을 바꾸는 1,000개의 직업**'이란 강연콘서트가 있었다. 젊은 대학생들에게 다양한 직업을 소개하고 비전을 심어주자는 취지의 행사였다.

'박원순, 박경림, 장기하와 얼굴들' 출연자도 화려했다. 하지만 내 관심을 사로잡은 이는 따로 있었다. '빛트인Between'이라는 젊은 친구들이었다. 그들은 도시와 농촌을 잇는 착한 브로커였고, 낙과나 흠집난 B급 과일을 판매하는 소셜벤처였다. 그들의 활동을 화면으로 보여주었는데 지금까지 봐왔던 파워포인트와는 차원이 달랐다. 살아서 꿈틀거리는 느낌이었다. '진짜로 잘 만들었다. 나도 저런 파워포인트 하나 만들어 보면 소원이 없겠다'라는 생각이 들었다. 그리고 얼마 지나지 않아 그게 프레지였음을 알게 되었다. 당장 학원에 등록해서 배우려고 했지만 전주에는 프레지를 가르쳐주는 학원도, 강사도 없었다.

우연히 컴퓨터를 조회하다가 눈에 번쩍 띄는 기사를 보았다. 2010년 12월 22일 서울 숙명여자대학교에서 프레지 강의가 있다는 내용이었다. 하지만 그림에 떡이었다. 서울이었고 평일 저녁(7시~9시)이었다. 정말 배우고 싶은 강좌인데 고민에 빠졌다. 그때 마침 완주군이 '제7회 대한민국 지방자치 경영대전'에서 대통령상 수상자로 결정되었고 부서별로 서울 출장인원을 모집했다. 2010년 12월 22일로 날짜가 일치했기에 자원을 했다. 응원도 하고 강의도 받을 수 있으니 일석이조였다. 함께 간 직원들은 시상식이 끝나고 모두 완주로 내려왔고 나만 혼자 서울에 남았다. 그리고 프레지 수업을 받기 위해 숙명여자대학교로 발길을 옮겼다.

2주 후 주말에 다시 서울로 올라갔고 강의와 실습을 연계한 4시간 프레지 집중 수업을 받았다.

혼자만 알기에는 너무나 아까웠다. 전주에도 프레지를 알리고 싶었다. 전북대학교 학생 황원택 씨와 함께 '프레지를 연구하는 전북모임'을 만들었다. 온라인 전북 프레지 모임(30명)이었다. 2011년 2월부터 7개월 동안 매월 1회 전북대 인근에서 프레지 오픈강좌(무료)를 열었다. 프레지에 관심 있는 사람들이 강좌에 모였다. 직장인도 있었고, 대학생도 있었고, 교사도 있었다. 완주군청 공무원에게도 프레지 강의를 했고, 완주군 마을 사무장에게도 프레지 수업을 해주었다. 지금은 아무리 바빠도 발표 자료는 대부분 프레지로 만든다.

마더쿠키는 완주지역 쌀을 원료로 빵과 쿠키를 만드는 공동체 회사다. 2013년도 '전국 마을 기업 콘테스트'가 열렸는데 전북대표로 뽑혀 부산광역시에서 최종경연을 남겨두고 있었다. 하지만 최종경연에서 발표할 PPT 자료가 너무 평범했다. 그래도 전북대표인데 뭔가 색다른 게 필요했다. "대표님! 제가 대표님이 제출한 파워포인트를 기초로 프레지를 만들어 보여 드릴테니, 내일 보고 최종 결정하시는 건 어떠세요?"라며 강정례 대표에게 제안을 했다. PPT 자료를 그림파일로 변환하고, 제목도 'Mother Cookies Story'로 정했다. 내용도 마더쿠키의 파란만장한 과정을 스토리텔링이 가능하도록 역동적으로 만들었다. '정직한 엄마의 마음으로 모든 제품을 만들겠습니다'라는 다짐과 어린 아이를 등에 업고 먹을거리를 챙겨주는 엄마의 사진으로 프레지를 마무리했다. 새벽 3시까지 이어지는 고된 작업이었다.

마더쿠키 강정례 대표, PPT를 만든 대학생 딸, 그리고 군청직원들과 함께 프레지를 시연했다. "제가 만든 내용은 그대론데 훨씬 더 역동적이네요, 정말 멋져요.", "강 계장님! 너무나 멋지네요, 정말로 감사합니다." 파워포인트를 만든 딸도, 강정례 대표도 감탄했고 놀라움을 표시했다. 발표는 프레지로 최종 결정했다. 마더쿠키는 '2013년도 마을 기업 전국 콘테스트'에서 최우수상을 받았고, 시상금 3천만 원을 받았다. 그 상금으로 마더쿠키 사업장 2층에 다목적 체험장을 마련했고, 100명이 넘는 단체 체험손님에게도 쾌적한 환경을 제공하고 있다.

외부에서 견학이 많아 마더쿠키 사업장에 자주 들른다. 강정례 대표는 방문객들에게 "여기 2층 체험장은 강 팀장님이 제게 주신 특별한 선물입니다"라며 자랑을 한다. 그러면 "강정례 대표님이 워낙 말씀을 잘하셔서 상금으로 받았고요, 프레지란 놈이 거들었습니다"라며 모든 공을 강 대표에게 돌린다. 강정례 대표도 환하게 웃고 나도 환하게 웃는다. 둘 다 프레지의 마력을 알고 있기 때문이다.

04
휴먼 라이브러리에서 사람책이 되다

'휴먼 라이브러리Human Library'는 사람이 직접 책이 되어 대출되는 살아있는 도서관, 책 대신 사람을 빌려 읽는 도서관이다. 시대가 달라지면서 멘토가 쓴 책을 읽기보다 차라리 멘토를 직접 만나 대화하고 소통하는 방식으로 진화하고 있는 것이다.

2013년 11월 하순, 희망제작소 최영인 연구원으로부터 전화연락이 왔다.

최 연구원 "강평석 팀장님! 안녕하세요? 오랜만이죠?"

강 팀 장 "네! 오랜만이네요. 잘 지내셨어요? 무슨 일 있으세요?"

최 연구원 "2014년 2월 15일, 국회도서관 2층 나비정원에서 '휴먼 라이브러리 코리아' 행사가 열리는데 강 팀장님이 꼭 참석해 주셔야겠습니다."

강 팀 장 "제가 꼭 참석해야 할 이유가 있나요?"
최 연구원 "강 팀장님이 '공무원 사람책'으로 선정되었으니 꼭 참석하셔야 합니다. 공무원 사람책은 희망제작소 연구원 만장일치로 결정되었습니다."

희망제작소와 한겨레 21은 공동주관으로 '휴먼 라이브러리 코리아'를 기획했다. 희망제작소에서 '당신의 편견은 무엇입니까?'라는 내용의 설문조사를 실시했고, 한국사회 '대표 편견 23개'를 추출했다. 그리고 대표 편견에 해당하는 사람책Human book 스물 세 명을 선정했다. 희망제작소가 선정한 사람책은 20대, 아줌마, 중국인, 기자, 채식주의자, 공무원, 비혼주의자, 농부, 노숙인, 자치단체장 등 다양했다. 내게 주어진 미션은 일반시민들이 공무원에게 가지고 있는 부정적 편견(변화를 싫어한다, 권위적이다, 비리를 저지른다 등)을 대화를 통해 깨뜨리는 것이었다.

2014년 2월 15일 국회도서관 나비정원에서 나를 대출한 5명의 독자를 만났다. 시민도 있었고, 대학생도 있었고, 공무원도 있었다. "좋은 말씀 감사합니다. 이렇게 많은 일을 하고 계시다는 것을 알고 공무원에 대해서 편견을 많이 고치게 되었습니다. 감사합니다"라는 의견(시민 김영택 님)을 주셨고, "오늘 말씀을 들으면서 공무원 구조만을 탓했던 제 자신이 부끄러웠습니다. 제일 감동이었던 것은 선생님의 열정을 대화를 통해서 느낄 수 있었다는 겁니다. 열정이 아름답습니다. 감사했습니다"라고 소감(공무원 김동헌 님)을

휴먼 라이브러리(사람책) 홍보 및 대출 배너 〈자료〉희망제작소

남겨 주셨다.

'휴먼 라이브러리 코리아' 행사에 다녀온 뒤, 이런 행사가 완주군에서도 추진되었으면 하는 바람을 갖게 되었고, 모든 내용을 완주군청 서진순 도서관 팀장에게 전해 주었다. 덕분에 2014년 10월 8일 완주군에서도 휴먼 라이브러리 행사가 열렸다. 의사, 글쓰기, 교수, 천문학자, 공무원, 도서관장, PD, 에스테티션(전문 피부관리사), 애니메이터 등 9명의 사람책을 선정하였다.

경험 많은 강 팀장님이 꼭 필요하다는 서진순 관장의 부탁을 뿌리칠 수가 없어 공무원 사람책으로 두 번째 경험을 하게 되었다. 마침 군대에서 휴가 나온 아들에게 사진을 부탁했더니, 휴먼 라이브러리 행사를 끝까지 지켜보았고, 페이스북에 소감을 남겼다.

휴먼북Human book, 이상하게 들리지 않는가? 사람이 책이 된다니. 지난주 휴가를 나왔을 때 아빠가 휴먼북이 되었다고 말씀하셨을 때 든 생각이었다. "아들! 아빠 보러 멀리 경기도 의정부에서도 온다는데 대단하지 않아?" 아빠가 '대단한 사람이었구나' 라고만 생각했지 더 깊게 생각하지는 않았다. "아빠 사진 좀 찍어주렴"하면서 엄마가 부탁하셨을 때도 기껏해야 가서 피켓 들고 있는 사진만 찍어주면 되겠거니 생각했다.

아침 일찍 완주군청에 도착했다. '2014 북Book 적북적 페스티벌' 독서축제가 진행되고 있었는데 생각보다 사람들이 많았다. 한참 행사가 진행되다가 드디어 휴먼 라이브러리 코너가 시작되었다. 아빠는 '공무원 사람책'을 대출한 독자들을 만나기 위해 이동하셨다.

대출자 중에는 멀리 경기도 동두천에서 오셨다는 분도 계셨는데, 그분은 "강 팀장님을 만나기 위해 한참을 기다렸다"면서 환하게 웃으셨고, "정말 오래전부터 뵙고 싶었다. 대한민국 최고의 공무원을 만나게 되서 영광이다"라고 말씀하셨다.

아들이 공무원이 되었으면 하는 바람으로 조언을 구하고자 찾아온 학부모, 공무원이 꿈인 여고 1학년 학생, 직장생활 6년차인 은행원, 마을 공동체 사업 자문을 받고자 찾아온 전 시의원과 현장활동가 등 직업도 다양했다.

정해진 30분이 훌쩍 지나도록 아빠는 본인을 대출한 대출자들과 진지한 이야기를 나누셨다. 볼일을 보고 집에 와보니 주무시고 계시는 휴먼북 아빠! 내일은 나도 좀 빌려서 읽어 보아야겠다."

페이스북에 실린 소감을 읽으면서 '우리 아들도 이제 다 컸구나!'라는 생각이 들었고, 아들 녀석과 더 가까워진 것 같아 마음 한편이 따뜻해져 왔다.

삼성경제연구소 자료에 의하면 '2012년 한국사회 갈등발생 해결

6명의 휴먼 라이브러리 대출 독자들과 함께

비용은 연간 300조 원으로 한국의 사회갈등 지수가 OECD 회원국가 중 2번째로 높은 것으로 파악되었다.' 사회양극화, 세대의 단절, 소통의 부재 등 계층, 노사, 세대, 지역, 환경, 성별 등 전 분야에 걸쳐서 갈등의 골이 높은 것으로 나타났다.

사회통합과 사회갈등 해결을 위한 다양한 시민교육 방법론이 발굴되어 확산되었으면 좋겠다. 그리고 '노원 휴먼 라이브러리센터'처럼 휴먼 라이브러리 상설 프로그램이 여러 곳에서 운영되어 갈등이 조금이나마 줄어들었으면 좋겠다.

05
향부숙에서 배우고
지역 현장을 찾아가다

향부숙의 노래

강형기 글 / 임동창 곡

사람이 걸으면 길이 되고
그 길은 세월 따라 문화가 된다.

산다는 것은 사랑하는 것
산다는 것은 배우는 것
산다는 것은 감동하는 것

사랑하고 배우며 감동하는 사람이 되자!
사랑하고 배우며 감동하는 세상을 만들자!

손잡고 손잡고 우리가 만들자 우리가 함께 만들자!

2014년 1월 향부숙생을 모집한다는 공문이 왔다. 2011년도에 망설이다가 탈락한 경험이 있었기에 주저하지 않고 신청했다. 향부숙鄕富塾은 (사)한국지방자치경영연구소가 운영하는 공무원 글방이다. 지역을 이롭게 하자는 취지로 전국에 있는 공무원들이 한 달에 한 번 매월 첫째 주 금요일과 토요일(1박 2일)에 함께 모여 학습하고 토론한다.

2014년도 7기 향부숙생으로 전국 27개 지방자치단체에서 114명, 완주군에서도 다섯 명이 뽑혔다. 꽃피는 3월부터 눈 내리는 12월까지 진행된 열 번의 교육과정에 모두 출석했다. 틈나는 대로 레인보우 영동연수원이 있는 충북 영동군과 인근 지역을 둘러보았고, 맛집을 찾아다녔다. 함께 공부하는 재미도 맛집을 찾아 돌아다니는 재미도 쏠쏠했다.

향부숙 숙장이면서 《지방자치 가슴으로 해야 한다》의 저자인 강형기 교수로부터 매월 '지역 발전을 위해 우리가 무엇을 해야 하는가?'에 대한 강의를 들었다. 특히 각 분야 전문가로부터 들었던 다양한 강의는 업무추진을 하는데 큰 활력소가 되었다. 이동필 전 농림축산식품부 장관, 김병준 전 청와대 정책실장, 유인촌 전 문화체육관광부 장관, 임동창 선생, 박현모 박사, 임정엽 전 완주군수, 박우섭 인천광역시 남구청장, 오형은 현장활동가, 박문호 박사, 박석무 이사장 등 모두가 쟁쟁했다. 특히 박현모 박사의 '세종의 비전 공감 리더십'과 박석무 이사장의 '다산 정약용으로부터 배운다'는 지금도 진한 감동으로 남아 있다.

지역(와카야마 현 타나베시, 시가 현 히가시오미시) 정책연수를 다녀왔다. 지역 자원(비와호, 마을산, 산림 등)을 활용한 체험관광 사례, 유채꽃 프로젝트를 통한 마을 만들기, 구마노 건강 마을과 타나베시의 헬스투어리즘을 둘러보는 소중한 시간이었다. 함께 체험하면서 강형기 숙장으로부터 듣는 즉석 현장강의는 피가 되고 살이 되었다.

10회차 교육이 마무리되는 2014년 12월, 8개 연구 분야별로 두 명씩 사례발표를 했다. 나는 지역창생반 대표로 '농촌활력의 수도, 로컬푸드 1번지 완주군의 지역 활성화 사례'란 주제로 사례 발표를 했고 우수상을 받았다. 사례 발표가 끝나고 강형기 숙장과 백 명이 넘는 향부숙생이 함께 향부숙의 노래를 불렀다. 모두가 하나 되는 순간이었다.

10개월을 함께 동고동락 했는데 끝이라고 생각하니 허전했다. '분기에 한 번씩 지역을 돌아보면 좋을 텐데'라는 생각이 들었다. 그 지역에 근무하고 있는 공무원이 안내를 해주면 그 지역에 대해 더 많이 알게 되고 친목도 도모하는 일석이조의 효과가 있을 것 같았다. 지역창생반 숙생을 중심으로 의견을 물었고 뜻을 같이 하는 숙생을 모았다. 서울특별시(고경혜), 인천광역시 남구(백영숙)*, 경기도 수원시(서정안), 오산시(서영오), 강원도 홍천군(심금화), 충북 충주시(홍종수), 충남 공주시(강석광)*, 논산시(김동선), 전북 완주군(강평석), 부안군(김숙희), 전남 순천시(최미선), 그렇게 향부숙 7

기 모임인 '향칠회鄕七會'가 탄생되었다.

2015년 1월 31일 전북 완주군에서 창립모임을 했다. 해외에 나가 있는 고경혜 님을 제외한 아홉 명이 참석했다. **'공유와 상생, 성장과 발전'**으로 모임 방향을 정했고, 분기에 한 번씩 지역을 찾아가기로 하고 장소도 정했다. 모임 멘토가 필요하여 허훈 교수님을 지도교수님으로 모셨다. 초대 회장단도 선출했다. 회장은 완주군 강평석 팀장, 총무는 순천시 최미선 계장을 뽑았다.

연도 \ 분기	1분기	2분기	3분기	4분기
2015년도	완주군	논산시	충주시	순천시
2016년도	수원시	인천 남구	공주시	홍천군
2017년도	오산시	서울특별시	부안군	

이어서 완주군 공동체 사업과 로컬푸드 현장을 둘러보았다. 공동체 사업 추진배경과 사업 설명(1시간), 현장안내는 모두 내가 도맡아서 했다.

> 지역경제순환센터 → 비비정 농가레스토랑 → 삼례 문화예술촌 → 용진 로컬푸드 직매장

---

* 백영숙 팀장과 강석광 팀장은 2016년 1월 1일자로 숭의4동장과 미디어담당관으로 승진했다.

2015년 4월 4일 향칠회 두 번째 모임은 충남 논산시였다. 모든 일정과 방문지는 논산시청 김동선 팀장(2016년 2월, 홍보담당관으로 승진)이 기획했다. 오후 6시까지 둘러볼 곳이 참 많았다.

> 강경역사관 → 강경젓갈투어 → 강경젓갈 전시관 → 점심 → 탑정호 → 논산딸기축제장

강경역사관은 구 한일은행 강경지점 건물로 대한민국 근대문화유산으로 지정된 곳이었다. 소설가 박범신 님은 "'강경은 그냥 강경이 아니다. 옛 역사와 문화가 녹아있고 살아있는 곳이다'라고 했습니다. 목포, 군산, 강경에 근대 건축물이 일부 남아 있습니다. 하지만 근대역사해석을 잘 하지 못해 현대가 혼돈스럽습니다. 너무나 안타까운 일입니다." (사)강경역사문화연구원 정현수 원장님으로부터 '근대역사문화의 보고 강경'에 대한 설명을 들었다. 젓갈이 유명한 곳으로만 알았는데, 강경은 옛 역사와 문화가 녹아 있는 곳이었다.

강경 젓갈전시관으로 이동했고, 논산시청 노원중 축제팀장으로부터 '강경 발효젓갈 축제의 과거, 현재 그리고 미래'란 주제로 강의를 들었다. "강경발효 축제는 문화체육관광부 지정 최우수 축제에 3년 연속 지정되었습니다. 축제가 명성이 있으면 얻을 것이 많습니다. 특히 국가 사업과 연계가 가능합니다. 강경 발효특구단지(544억 원), 강경 근대역사문화공간 관광자원화 사업(112억 원), 문화관광형

허훈 지도 교수님, 향칠회 회원들과 함께 강경역사관을 둘러보았다.

시장 지원 사업(20억 원)과 연계했는데, 강경 젓갈축제가 있었기에 가능했습니다." 대부분 공감이 가는 내용이었다.

강의가 끝나고, 소감을 나누는 시간을 마련했다.

김동선 담당 "모임을 준비하면서 지역을 더 알고 이해하게 되었습니다."

백영숙 팀장 "오늘 논산까지 오는데 차도 많이 밀려서 고생했고 돌아가는 것도 걱정이지만, 모임이 너무 좋고 구성원들도 너무 좋습니다."

고경혜 회원 "2014년도 12월, 명예퇴직을 했습니다. 처음 모임제의가 왔을 때 기분이 참 좋았습니다. 서울에서만 생활을 했는데 이렇게 지방을 돌아볼 수 있어 참 좋습니다."

예약해 놓은 인근 맛집에서 위어회와 복지리로 맛있는 점심식사를 하고 탑정호로 이동했다. "논산의 보배는 탑정호다. 다음 세대까지를 염두에 둔 보존과 개발계획이 수립되어야 한다. 무차별적인 개발로 이어지지 않도록 신중하고 종합적인 접근이 필요하다"며 허훈 교수님께서 팁을 주셨다. 탑정호를 둘러보고 있는데 빗방울이 떨어지기 시작했다. 부랴부랴 딸기 축제장으로 이동하는데, 차량이 많이 밀렸다. 이동 중에 비가 쏟아지기 시작했다. 비가 와서 딸기 축제장을 다 둘러보지 못하고, 휴게실에서 딸기 두 박스를 나누어 먹고 이동 후 해산했다.

강경은 젓갈로 유명한 곳, 논산은 신병훈련소가 있는 곳으로만 알았는데, 강경이 근대문화유산의 보고이며, 논산시에서 강경, 논산, 연무를 균형 있게 발전시키기 위해 노력하고 있다는 것도 알게 되었다. 그리고 딸기 축제장 규모는 대단했다. 꼼꼼한 준비로 유익한 시간을 만들어 준 논산시청 김동선 과장님이 참 멋져 보였다. 짧은 시간인데도 향칠회 모임이 자리를 잡아가는 것 같아 기분이 좋다. 벌써부터 다음 모임이 기다려진다.

06
대한민국
최고 공무원을 꿈꾼다

    2010년 1월 15일 12시 서울 종로구 헌법재판소 앞 패밀리 카페, 세 명이 점심식사를 하고 있다. 이웃집 아저씨 같은 사람이 앞에 앉아 있고, 인상 좋은 아줌마가 옆에 앉아 있다. 박원순 전 희망제작소 상임이사(현 서울시장)와 나, 그리고 와이프다. 박 전 상임이사는 "완주에서 멀리 서울까지 올라와서 희망제작소라는 시민단체에서 1년 동안 고생 많았다"며 별도로 자리를 마련해서 우리 가족을 초청했다. 1시간 넘게 식사와 이야기를 나누는가 싶더니 박원순 전 상임이사가 가방에서 두 권의 책을 꺼내 내게 전해주었다. 그리고 "김치 해보세요"라며 우리 부부 사진도 찍는다. 두 권의 책 속에는 '지역이 희망입니다', '대한민국 최고 공무원'이라고 쓰여 있다.

    박원순 전 희망제작소 상임이사는 원순닷컴(www.wonsoon.com) 블로그에도 글을 남겼다.

"이제 그와 이별할 시간이 왔습니다. 오늘 그를 송별하기 위해 점심에 함께 고생한 부인을 초대했습니다. 이들은 서로 1년을 떨어져 살아야 했습니다.

바로 완주군 강평석 계장의 이야기입니다. 흔히 다른 기관에 파견을 가는 사례들이 있습니다. 그러나 공무원이 시민단체에 파견가는 사례는 없습니다. 대접받는데 익숙한 많은 공직자들에게 시민단체는 지옥일 것입니다. 누구 하나 차^茶를 타주는 사람도 없고 누구 하나 공손하게 대하는 법이 없었을 것입니다. 스스로 모든 것을 알아서 해야 했을 것입니다.

로마에 가면 로마의 법을 따르라는 말이 있습니다. 그는 그 말대로 시민단체에서 시민단체의 룰을 따랐습니다. 그리고 훌륭히 자신의 임무를 완수하고 그는 되돌아갑니다. 희망제작소에서 벌이는 다양한 강좌프로그램에 그는 빠짐없이 참석하였습니다. '여러문제연구소'라고 불리워질 정도로 다양한 사업을 벌이는 희망제작소의 부서를 차례대로 돌아다니며 경험하고 지식을 쌓았습니다.

희망제작소에 오가는 수많은 사람들을 만나고 인사하고 교류하였습니다. 사람들을 인터뷰하고 사진 찍고 기록하였습니다. 혼자 공부한 것이 아니라 그 모든 것을 기록하여 완주군 직원들과 공유하였습니다. 내가 1년간 그와 생활해 보고 내린 결론, '대한민국 최고 공무원'입니다."

박원순 전 희망제작소 상임이사가 책과 블로그를 통해 나를 대한민국 최고 공무원이라고 칭찬했다. 왜 그랬을까? 공무원에게 쓴소리 잘하기로 소문난 그가 왜 그렇게 칭찬을 했을까? 시민단체 연구원에 대한 존중과 배려, 끊임없는 노력, 학습과 교류, 완주군청 직원들과 공유하는 모습을 보면서 그가 지금껏 보아왔던 공무원들과 다른 모습을 발견해서였을까? 대한민국 최고의 공무원이라는 문구가 처음에는 많이 부담스러웠지만 이제 와서 생각해 보니 주민들과 함께 고민하고 창의적인 생각으로 지역에 보탬 주는 공무원이 되라는 의미, 즉 과거형이 아닌 미래형으로 더 분발하라는 채찍의 의미가 담겨있는 것 같다.

《나는 튀는 도시보다 참한 도시가 좋다》의 저자 정석 서울시립대 교수는 희망제작소에 파견 근무할 때 처음 만났다. 서울 북촌한옥마을 개발과정을 가까이에서 지켜보았고, 사람 중심의 도시 만들기에 관심이 많은 도시계획분야 전문가다. 서울과 전주라는 활동공간의 제약으로 거의 만나지 못하지만, 서로 페이스북을 통해 왕성한 활동을 지켜보고 있다. 2013년 3월 '마을 만들기 공모전'을 준비하고 있는 가천대학교 학생들에게 마을 만들기 현장에서 활동하고 있는 활동가를 소개했는데, 나도 포함되어 있다. 일부 활동가의 경우 소속과 근무하는 곳이 달라지기도 했지만 모두 현장에서 묵묵히 마을 만들기에 여념이 없다.

이제 마을과 지역에서 벗어나 다른 국가와 미래로 시야를 확대

 정석
3월 28일

마을만들기 공모전을 준비하는 학생 여러분들에게 마을만들기 현장에서 일하고 계시는 활동가분들을 소개해 드릴테니, 페이스북을 통해서 이분들의 현장과 활동을 잘 보고 배우기 바랍니다. 정중하게 친구 요청도 드리고, 예의 바르게 소통하면서 여러분들의 내공을 키우기 바랍니다. 페이스북 안에 참 많은 정보와 자료들이 있습니다. 숨은 보물들을 잘 캐어 활용하기 바랍니다.

이근호 수원시 마을르네상스센터장
민완식 수원시 마을만들기추진단장
이현선 안산시 마을만들기지원센터 사무국장
권상동 강릉시 마을만들기지원센터 사무국장
구자인 진안군 마을만들기지원팀장
김현정 뜻있는주식회사 대표이사(창원시)
김병수 (사)이음 대표(전주시)
이주원 두꺼비하우징 대표이사(서울 은평구)
박학용 동네목수 대표(서울 성북구 장수마을)
강평석 완주군청 농촌활력과
정풀 (주)오르빌 마을연구소 소장(무주)
@박종범 농촌기획자, 마을만들기네트워크

서울 마을공동체 풀뿌리모임 maeulnet@groups.facebook.com
서대문구 마을만들기 카페 http://cafe.daum.net/sdmMM
성북구 마을만들기 카페 http://cafe.naver.com/seongbuktogether

해 보자. 가장 관심이 가는 인접 나라는 중국이다. 2015년 11월 30일 한중 자유무역협정(FTA) 비준 동의안이 국회를 통과했다. 농·식품, 제조업, 서비스 분야의 중국 시장 진출이 기대되지만 저가의 중국 농산물과 경쟁해야 하는 농가의 시름은 더해질 것 같다.

'KBS 1TV 슈퍼차이나'에서 방영된 '방안의 코끼리'는 시사示唆하는 바가 크다. "우리 방에 작은 코끼리가 들어와서 살다 점점 몸집이 커지면서 우리는 방에서 밀려나 생활할 수밖에 없어요. 우리 안에 거대한 코끼리가 들어왔습니다. 바로 중국입니다."

'방안의 코끼리'란 모두가 알고 있지만 두려움 때문에 아무도 말하지 못하는 대상이나 상황을 의미한다. '코끼리가 집을 무너뜨리고 소중한 것을 밟기 전에 내보내야 하며, 코끼리 등에 올라타거나 비싼 대가를 치르더라도 벽을 허물고 뜯어 고쳐야 하는 상황이 올 수도 있다.' 이제 중국은 더 이상 편견과 무시의 대상이 아니다. 앞으로 한중 FTA에 따른 냉철한 판단과 대비책 마련이 필요한 것 같다.

UN이 발표한 '미래사회 메가트랜드 2030'을 보면 흥미로운 것이 많다. "일반인들이 컴퓨터 언어 읽듯이 유전자 DNA를 읽게 되어 질병을 미리 알고 치유할 수 있으며, 온라인 실시간 사이버 시대가 도래하여 대학이 없어질 것이다. 사회 모든 분야가 연결과 접속으로 네트워크화 되고, 나노혁명과 3D산업 발전으로 후기정보화 시

방 안의 코끼리

대가 열릴 것이다. 또한 '기후변화는 더욱 심해지고 중요해질 것이다. 강수량 감소로 가뭄은 지속될 것이고, 국경을 넘나드는 물줄기를 따라 국가 간 물 주권 다툼이 커지게 되며, 식량과 물 전쟁이 야기될 것이다'라고 예측하고 있다.

농업에도 많은 변화가 예상된다. 최근 '미래형 농업모델'로 LED 식물공장이 주목받고 있는데, LED 식물공장은 LED 조명을 이용해 부가가치가 높은 식물을 밭이 아닌 실내에서 대량으로 재배하는 방식이다. 작물의 생육은 촉진되고, 재배기간 단축이 가능하다. 이는 도시농업이 보편화되는 계기를 마련해 줄 것이다.

비록 상상이지만 내가 꼭 가지고 싶은 나무가 있다.
첫 번째, '곶감나무'이다. 생육주기에 따라 9월에 따면 단감, 10월에 따면 홍시, 11월에 따면 곶감을 먹을 수 있는 나무다. 곶감을 깎을 번거로움도 없고, 기후를 걱정할 필요도 없다. **두 번째**, '골라먹는 과일나무'이다. 주택에서도 얼마든지 재배가 가능해서 식탁 옆에 두면 기호에 따라 골라먹는 재미가 쏠쏠할 것이다. 아침에는 사과, 점심에는 밀감, 저녁에는 호두, 야식으로 포도를 따먹을 수 있다면 얼마나 좋을까? 그런 날이 빨리 왔으면 좋겠다.

종래 농업은 대표적인 1차 산업이었다. 하지만 지금은 6차 산업으로 발전하고 있다. 생산(1차), 가공(2차), 체험·관광(3차)이 함께 이루어지는 6차 산업(1+2+3=6, 1×2×3=6)이다.

골라먹는 과일나무

과거 농촌을 인심이 넉넉하고 그저 살기 좋은 곳으로만 여겼다면 지금은 생산, 가공, 체험·관광이 융·복합화되는 곳으로 변모하고 있다. 농업·농촌도 6배 업그레이드 되었고, 환경은 시시각각 급속도로 변하고 있다. 연찬하지 않고 학습하지 않으면 도저히 따라갈 수 없을 정도로 변화의 속도가 빠르다. '나는 과연 LTE 시대에 맞는 공무원인가? 환경은 이렇게 급속도로 변화하고 있는데 나는 과연 얼마나 변화하고 있는가?'라며 스스로를 채찍질해 본다.

"내 가려운 곳을 찾아서 스스로 해결해 주는 공무원이 최고 공무원이지." 주민들은 그렇게 이야기한다. 오늘은 현장에 나가 주민들의 이야기를 들어야겠다. 해답은 현장에 있고 지혜는 주민들의 삶 속에 녹아 있기 때문이다.

나는야 뽀빠이 공무원

제 7 장

완주군에
기적 같은 일이 생기다

1. 월급쟁이 농부 통장에 숫자 찍히는 재미로 산다
2. 우리 마을 미래는 우리가 함께 책임진다
3. 완주 따라쟁이들 모여라 모여! 완주 땅 밟으면 모두가 완주 사람
4. 최고의 귀농·귀촌지는 어디인가?
5. 여보게, 농촌에서 춤추기로 1등 해보았나?
6. 내 사랑 완주, 나는 지금 완주아리랑을 부르고 있다

01
월급쟁이 농부
통장에 숫자 찍히는 재미로 산다

히포크라테스는 "음식으로 고치지 못하는 병은 약으로도 고칠 수 없다"고 했다. 음식의 중요성은 아무리 강조해도 지나치지 않는다. 건강은 밥상에서 먹는 좋은 음식에서 나오며, 좋은 음식은 좋은 식재료가 있어야 가능하다. 그런데 현실은 어떠한가? 우리의 밥상은 어떠한가? 내가 지금 먹고 있는 상추, 깻잎과 쑥갓 등은 누가 어디에서 생산했는지 알 수가 없다. 언제부터인가 아이들에게 청국장, 빈대떡보다는 피자나 햄버거가 더 친숙한 음식이 되었다.

'로컬푸드'는 지역 농산물을 지역에서 소비하자는 것이다. '완주 로컬푸드'는 얼굴 있는 지역 먹거리로 건강도 회복하고 농촌에 활력을 불어넣자는 취지로 출발했다. 밥상의 선택권을 소비자에게 돌려주고 소비자가 선택할 수 있도록 해야 한다고 생각한 것이다. 완주 로컬푸드 직매장에 가면 모든 농산물과 가공상품에 바코드가 부착되어 있다. 바코드에는 원산지, 생산자, 등급, 출하일자, 생산자 연락처가 표시되어 있다. 얼굴이 있는 먹을거리이다. 배추, 상추, 시금치와 같은 엽채류는 1일 유통으로 매일 아침에 생산한 농산물이어서 신선하다. 또 복잡한 유통과정을 거치지 않고 직거래 되니 가격도 정직하다.

이른 아침 6시가 되면 용진농협 인근 농부들은 아침에 수확한 농산물을 가지고 용진농협 인근 선별장으로 모인다. 컴퓨터에 등록된 개인코드에 품종, 중량, 가격을 입력한다. 바코드를 출력해서 라벨을 붙이고 용진농협 직매장에 진열을 한 뒤 집으로 돌아간다. 모두 농민 스스로 한다. 판매는 용진농협에서 대행해주니 농민들은 투잡이 가능하다. 1주일 판매된 금액에서 수수료 10%를 공제하고 나머지 90%를 농민들에게 통장으로 매주 송금해준다. 종래 6개월에 한 번씩 목돈을 만졌던 농민들은 이제 주급 월급쟁이가 되었다.

2013년 11월 6일 조선일보에 박춘옥 씨와 난산마을 주민들이 소개되었다. 기사의 주요내용은 이렇다.

'박춘옥(65세, 여) 씨는 스물한 살에 완주군 구이면 난산마을로 시집을 왔다. 그리고 줄곧 농사를 지었다. 오남매를 두었는데 생활형편이 좋지 않아서 용돈을 받아썼다. 로컬푸드 직매장에 농산물을 납품하면서부터 통장이 생겼고 지금은 용돈을 사절한다. 거꾸로 명절 때는 손자 8명에게 용돈 5만 원씩을 쥐어 주었다. "내가 벌어 옷도 해 입고 남편과 오붓하게 전주로 외식도 나간다"고 했다.

37가구가 사는 난산마을은 14농가가 새로 통장을 만들었고, 통장마다 매주 10만 원부터 150만 원까지 현금이 들어온다. 황은규(56세) 이장은 "마을 주민 모두가 통장에 찍히는 돈을 보는 재미로 산다"'는 내용이었다.

정말 그럴까? 신문에 나온 게 사실인지 나는 궁금했다. 그래서 생면부지의 박춘옥 어머님에게 전화를 드렸고, 2015년 11월 27일, 늦은 저녁 난산마을을 방문했다.

박춘옥 "아이고 누추헌디, 시골이 다 이래유" 박춘옥 어머님이 반갑게 맞이해주신다.

강 팀장 단도직입적으로 조선일보 기사를 들이밀었다. "어머님! 이게 다 사실인가요?"

박춘옥 "예전에는 농촌에서 농사를 지어도 판로가 없잖유. 근데 로컬푸드 직매장이 생기고 그런 걱정거리가 없어졌당께. 로컬푸드가 우리한테는 효자여. 효자도 그런 효자가 없당게."

강 팀장 "그럼 로컬푸드 직매장에 납품하기 전에는 농산물을 어떻게 팔았나요?"

박춘옥 "그전에는 약강*에 물건을 냈는데 가격이 잘 안 나왔어. 이제는 약강에 안 가."

강 팀장 "어머님 농산물이 인기가 많다는데 비결 좀 알려주세요?"

박춘옥 "몰라. 저 양반(박춘옥 씨 남편)이 농사를 잘 지어. 냉이와 상추, 고추,

---

* 농산물 도소매시장을 전라도에서는 약강이라 부름

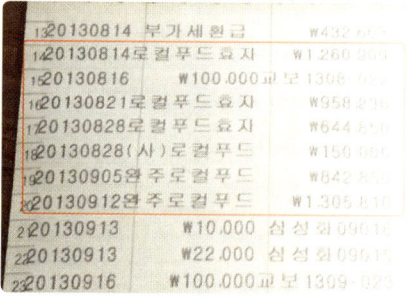
완주군 한 고령농가의 통장(매 주마다 완주 로컬푸드로부터 월급을 받는다)

무, 오이, 열무, 고구마순, 얼가리를 내고 있는데, 새끼들한테 보내준다는 마음으로 농사를 지어."

나는 두 분(박춘옥 65세&남편 71세)이 로컬푸드를 통해 얼마나 월급을 받는지 궁금했다.

강 팀장 "어머님! 그럼 농산물을 팔면 얼마나 버세요? 제가 월급통장 좀 봐도 되나요?"

박춘옥 "매주 통장으로 돈이 들어오는디, 많을 때도 있고 적을 때도 있고 그랴!"

내가 통장을 펼쳐보니 5주 평균 백만 원이 넘는 돈이 찍혀 있었다. 생각보다 많은 금액이어서 두 분이 지내기에는 부족함이 없어 보인다.

강 팀장 "아버님, 어머님! 오래오래 건강하세요."

동네 입구까지 마중 나온 두 분과 헤어지는 발걸음이 그렇게 가벼울 수가 없었다.

효자동 로컬푸드 직매장 인근 아파트에 살고 있는 주부 이 씨는 좋은 물건을 싸게 살 수 있어 이웃 주민들과 함께 1주일에 두세 번씩 로컬푸드 매장으로 쇼핑을 나온다고 한다. "그야말로 땅에서 바로 오는 거니까 싱싱하고, 중간 과정이 없으니 그만큼 싸고." 꼼꼼한 손길로 감자와 대파 등을 살펴본다. "제철 과일·채소류 등이 얼마나 싱싱한지 마트에서 구입한 것보다 3~4일 더 오래 간다. 얼마 전에 대형 마트에서 구입한 딸기가 하루도 지나지 않아 물러서 속상했는데, 직매장에서 산 딸기는 그날 수확한 거라 2~3일이 지나도 신선함을 그대로 유지해 좋았다"며 엄지손가락을 치켜세운다.

농업이란 본디 땅과 햇빛과 물의 기운을 빌어 건강하고 맛있는 먹을거리를 만들어 소비자에게 공급하는 일이다. 완주에서는 로컬푸드를 통해 농업 본연의 위치를 찾아가고 있다. 참으로 다행스러운 일이다. 생산자와 소비자 간의 간격도 많이 줄어들었다. 거리도 줄었지만 서로를 배려하는 감사하는 마음도 생겨났다. 어렵게 만들어진 신뢰가 오래오래 지속될 수 있도록 더 많이 지혜를 모아야 할 때다.

02

우리 마을 미래는 우리가 함께 책임진다

비봉면 평치마을은 완주군 비봉면 소농리 40여 가구가 모여 사는 평범한 시골 마을이다. 여느 농촌과 마찬가지로 고령화가 심각했던 평치마을 주민들은 마을의 활력을 찾기 위해 뭐가 좋을까 고민하다가 마을 공동체 사업을 하기로 의견을 모았다. 주민들은 어떤 사업이 좋을까 고민했고, 자연스레 가정의 필수 식료품인 두부를 생각해 냈고, 2010년도 완주군 마을 공동체 사업에 문을 두드렸다.

2010년~2012년도에는 완주군 자체 사업인 참살기 좋은 마을, 파워빌리지, 두레농장을 통해 주민역량을 키웠고, 2013년~2014년도 마을 기업(행정자치부), 2015년도 창조적 마을 만들기(농림축산식품부) 등 마을 공동체 사업에 잇따라 선정되었다. 마을 주민들이 합심해서 일자리와 소득도 창출하고 있으며 공동체도 복원하고 있다.

(사)한국고전문화연구원과 도농상생을 위한 협약을 체결했고 마을 주민들은 한국고전문화연구원을 통해 풍수·역사·지리 등을 배우며 농산물 직거래 등 협력을 강화하고 있다. 고소한 우리콩 두부와 매생이를 첨가해 만든 매생이 두부를 만들어 로컬푸드 직매장에 출하하고 있다.

2013년 12월 8일부터 12일까지 3박 5일 동안 평치마을 주민 열세 명이 일본선진지 견학을 다녀왔다. 한 사람당 경비는 80만 원(마을 공동체 배당금 50만 원과 자부담 30만 원), 행정이나 농협의 도움 없이 마을 스스로 일본 벤치마킹을 기획해서 실행에 옮겼다. 관내 여러 마을 중에서 마을 공동체 사업을 통해 스스로 해외에 견학을 다녀온 첫 사례다.

그들이 보았던 '오이타현 오야마정'은 '매실과 밤을 심어 하와이 여행가자'는 운동으로 가난했던 농촌 마을을 부자 농촌으로 변모시킨 곳이다. 농산물 직매장과 유기농 레스토랑 등을 통해 연간 36억 엔 매출을 올리고 있다. 특히 '유후인'은 인구 1만 2천 명의 산촌 마을이지만 연간 400만 명 이상의 관광객이 방문하고 있다.

평치마을 주민들 스스로 해외에 벤치마킹 다녀온 것처럼 마을 공동체 사업도 더욱더 발전하고 마을 주민들이 행복하게 지냈으면 좋겠다.

마을 가공상품인 '우리콩두부'

평치마을 일본 선진지 견학

동상면 밤티마을은 동상면 산속에 있는 작은 마을로 겨울에는 매우 춥고 눈도 많이 내린다. 만경강 발원샘이 있는 곳이기도 하다. 겨울이면 딱히 소일거리가 없어 주민들은 마을 회관에 모여서 고스톱을 치거나 술을 마시고 싸우는 게 일과였다.

그런 마을이 2008년도에 마을 공동체 사업을 시작했다. 콘셉트는 '논두렁 얼음 썰매장' 이었다. 겨울철 논을 빌려서 얼음을 얼게 해서 썰매장을 운영했다. 얼음을 얼리는 것도, 썰매장을 관리하는 것도 마을 주민들이 나누어서 함께 했다. 600평 규모의 작은 시골 논두렁에 아이들과 도시민들이 쏟아졌다. 대박이 났다. 덕분에 밤티마을은 2011년도 전북 향토산업 마을 사업에 선정되었다. 사업이 완료되면 천막을 치고 운영했던 공간에 멋진 복합체험관이 들어설 수 있을 것이다.

멋진 설계도가 나왔고 마을 주민들은 건축허가를 신청했다. 하지만 난관이 기다리고 있었다. 문제는 진입로였다. 썰매장까지 진입가능한 도로는 하천도로 밖에 없었고 건축허가를 얻기 위해서는 별도로 진입로가 필요했다. 하지만 별도로 진입로를 내려면 부지 매입이 선결 과제였는데 전북 향토산업 마을 사업비(2억 원)보다 더 많은 예산이 필요했다. 건축부서에서 하천부서로, 하천부서에서 산림부서로, 산림부서에서 도시계획부서로 '니 업무, 내 업무'로 왔다갔다 하는 동안 1년 6개월이 아무런 진척 없이 흘러갔다.

'사업을 포기하자'는 주민들도 있었다. 2012년 9월 부군수실에서 '밤티마을 사업추진 부서 간 대책회의'를 열었다. 하천담당, 도시계

동상면 밤티마을 마을 지도 〈자료〉마을통

획담당, 산림보호담당, 마을회사육성담당이 함께 모여 대책을 논의했다.

'사업부지 옆 하천도로를 끼고 있는 인접 토지(임야) 너머에 도로가 있으니 사업부지와 인접 토지(임야)를 관통하는 공부상(지적도) 도로를 만들면 진입로 문제를 해결할 수 있다'는 대안이 제시되었다. 하지만 인접 토지(임야)주를 설득하는 것이 쉬운 일이 아니었다. 아무런 보상 없이 멀쩡한 토지를 분할하고 도로를 내야 하는데 선선히 수락해 줄 사람은 아무도 없었다.

마을 주민들과 합심해서 2,500시간 이상 토지(임야)주를 설득했다. 그리고 2012년 12월 하순, 드디어 동상면 밤티마을 복합체험관 준공이 떨어졌다. 조금만 늦었어도 사업비를 반납해야 했다. 그때 마을 주민들이 '우리 마을 미래는 우리가 함께 책임진다'는 마음으로 도와주지 않았다면 복합체험관 완성은 불가능했을 것이다.

그렇게 사연이 깃든 마을이 100개나 된다. 남들은 손가락이 10개라지만 그래서 난 손가락이 100개다. 무지 속을 썩이는 마을도 여럿 있고 징그럽게 힘들게 하는 마을도 여럿이다. 하지만 '열 손가락 깨물어 안 아픈 손가락이 어디 있으랴!' 내게는 모두가 소중한 자식 같은 마을들이다.

03

완주 따라쟁이들 모여라 모여!
완주 땅 밟으면 모두가 완주 사람

작은 시골 지역에 불과한 완주군이 스스로 지역 문제를 고민하고 주민들과 함께 커뮤니티비즈니스와 공동체를 만들어 가고 있다는 소문이 전국으로 퍼져 나갔다. 하지만 '저러다 말겠지, 고생은 하겠지만 별 효과가 있겠어?'라는 회의적인 시각이 대부분이었다.

지방자치단체장이 바뀌어도 흔들리지 않고 오래 지속되고 멀리 가려면 확고한 기준이 필요했다. 하나하나 조례를 만들었고 지침을 가다듬었다. 2009년 12월 전국 최초로 '완주군 지역 공동체 활성화 사업(커뮤니티비즈니스) 육성에 관한 조례'를 만들었다. 그렇게 로컬푸드 관련 조례(5개), 도농순환 관련 조례(1개), 사회연대 경제 관련 조례(2개), 커뮤니티비즈니스 관련 조례(3개)를 만들었다. '완주군 지역 공동체 활성화 사업 육성에 관한 조례'에는 지역 공동체 활성화 사업 지원 근거, 지원 대상, 지원 절차, 중간지원조직 설치 운영 관련 내용들이 담겨 있다. 조례에서 다 담지 못한 내용은 세부지침을 통해 보충했다. 2010년 10월, '마을 공동체 회사 육성 종합지침'을 만들었다.

공동체 사업을 위한 기준을 마련한 뒤, 지역 주민들의 교육에 혼신의 노력을 다했다. 지속가능한 지역 발전이 가능하려면 주민들의 역량을 높이지 않고서는 불가능하다고 생각했다. 2012년도였던 것으로 기억된다. 그해에만 지역경제순환센터 세미나실 마룻바닥 공사를 세 번이나 했다. 지역경제순환센터는 구舊 삼기초등학교 건물이어서 세미나실 바닥이 마루로 되어 있었는데, 마룻바닥이 세 번이나 가라앉았다. 얼마나 많은 주민들이 그곳에서 교육을 받았을지는 미루어 짐작할 수 있을 것이다.

완주군 공동체 사업이 한 해 두 해 지속되었고, 조금씩 성과가 나타나기 시작했다. 지방자치단체에서 먼저 관심을 갖기 시작했고 방문으로 이어졌다. 서울 성북구, 오산시, 홍천군, 정선군, 인천광역시 남구는 일찍이 지자체장과 공무원이 완주를 다녀갔다. 또한 전국 최초로 로컬푸드 직매장을 완주군에서 개장(2012년 4월 27일)했고, 점차 자리를 잡아가자 중앙정부, 지방자치단체, 전국 농협과 생산자단체, 주민들이 찾아오기 시작했다. 방문이 많아져서 업무가 마비될 지경인 때도 있으며, 지금은 해외에서도 찾아오고 있다.

완주군 공동체 사업은 중앙정부 정책으로 반영되었다. 마을 기업(행정자치부)과 농어촌 공동체 회사(농림축산식품부)가 대표적이다. 또한 로컬푸드 직매장은 전국으로 확대되고 있다. 완주군 로컬푸드 사례는 중학교 사회교과서에도 소개되었다. 공동체 사업으로 촉발된 완주군 벤치마킹은 마을 만들기 분야에만 국한하지 않고 다양한 분야로 확대되고 있다. 복지 분야 공무원과 민간인들도 완주군에 찾아오고 있다. 경기도 과천시 지역사회복지협의체 방문은 특히 기억에 남는다.

과천시 지역사회복지협의체 위원, 완주군에 푹 빠지다.

2015년 3월 오후, 전화벨이 울렸다. "강평석 팀장님이시죠? 저 과천시 지역사회복지협의체 권미혜 간사입니다." 친근함을 표시하는 것을 보면 분명 나를 잘 아는 사람인 것 같은데, 지역사회복지협의체는 농정 업무와 관련이 적었고, 과천시도, 권미혜 간사도 모두 생소했다. 그러다 문득 떠오르는 게 있었다.

"그럼 혹시, 2014년도 'I am 복지디자이너 과정' 현장 견학으로 완주군에 오셨던 분이신가요?"라며 물어보았다. 'I am 복지디자이너 과정'은 한국보건복지 인력개발원에서 주관하는 복지행정 교육과정으로 지자체 복지기획담당 공무원과 지역사회복지협의체 간사들이 모여서 지역복지사업을 구상하고 기획서를 작성하는 교육과정이었다. 2014년 7월, 30여 명의 복지업무 공무원과 민간 부문 간사들이 완주군을 방문하여 완주군 지역경제순환센터, 평치마을 두레농장, 로컬푸드 해피스테이션을 견학하였는데, 그때 오셨던 분이었다.

〈자료〉 과천시 지역사회복지협의체

과천시 지역사회복지협의체(40여 명)는 2015년 선진지 견학대상지를 어디로 할 것인지 고민하고 있었다. 그때 권미혜 간사는 완주군을 적극 추천했다. 2014년도에 와서 보았던 완주군 사례들이 너무나 인상적이어서 지역 공무원과 동료 민간인들도 함께 보았으면 하는 바람이 있었다. 사전 답사가 필요했고 나를 찾았다. 그런 권미혜 간사가 반갑고 고마웠지만 한편으로 고민스러웠다. 2015년 1월 1일자로 농정일자리팀장으로 업무가 바뀌었고, 완주군 농촌활력사업 설명과 안내가 더 이상 내 몫이 아니었기 때문이었다.

2015년 3월 권미혜 간사는 과천시 지역사회복지협의체 동료와 함께 완주군에 답사를 와서 꼼꼼하게 방문할 곳을 살펴봤다. 용진 로컬푸드 직매장을 둘러보면서 속내를 이야기했다. 권 간사는 이

우간다 공무원들이 마더쿠키에서 빵 만들기 체험을 하고 있다.

미 내 업무가 바뀐 것을 알고 있었다.

"강 팀장님께서 업무가 바뀌었으니 다른 팀장에게 안내해 드리겠습니다"라고 하면 어찌하나 걱정을 많이 했는데 "직접 안내해 주셔서 너무나 감사합니다"라며, "2015년 4월, 완주군 방문 때도 안내와 강의를 부탁드린다"며 밝게 웃으셨다. 완주군을 찾은 권미혜 간사와 40명 과천시 지역사회복지협의체 회원들은 완주군에 푹 빠졌고, 완주군을 다녀간 뒤 열렬한 완주군 팬이 되었다.

해외에서도 다녀가는 필수코스 : 2015년 3월 18일, 아프리카 우간다 공무원 20명이 완주군청을 방문했다. 이젠 해외에서도 완주군을 많이 찾아오는데 특히 아시아, 아프리카 지역에 있는 국가 방문이 늘어나고 있다. 완주군으로 지방행정연수원이 옮겨 온 후 완주군 현장방문은 단골메뉴가 되었다. 몽골, 베트남, 모잠비크, 캄보디아, 볼리비아, 아프리카 말라위공화국, 네팔, 에콰도르공화국, 자메이카, 콜롬비아, 페루, 동티모르, 라오스, 우간다 등 여러 나라에서 완주군을 다녀갔다. 시장, 군수, 의회 의장, 공무원, 언론인, 여성 NGO 등 직업도 다양한 분들이었다.

용진농협 이중진 상무의 말에 의하면 용진농협 로컬푸드 직매장이 생기고 "용진농협 로컬푸드 직매장에만 약 7만여 명이 다녀갔다"고 한다. 완주 로컬푸드협동조합과 완주군 공동체지원센터, 완주군청을 다녀간 방문객까지 포함하면 20만 명은 족히 넘을 것이다. 실로 엄청난 숫자다. 방문객을 준비해서 맞이하고, 그간 추진 과정을 설명하는 것이 쉬운 일은 아니다. 하지만 모두 친절하게 맞이한다. 언제, 어느 곳에서 오는지는 중요하지 않다. '완주 땅을 밟으면 모두가 완주 사람' 이기 때문이다.

04
최고의 귀농 · 귀촌지는 어디인가?

각박한 도시, 치열한 경쟁 속에서 살아온 직장인이라면 도시가 아닌 한적한 곳에서 넉넉한 전원생활을 꿈꿀 것이다. 경치 좋고 인심도 좋은 곳이라면 더할 나위가 없을 것이다. 통계청과 농림축산식품부가 작성한 '2014년 귀농 · 귀촌인 통계'를 살펴보면, 2014년도 귀농 · 귀촌 가구는 총 4만 4586 가구로 파악되었다. 전년대비 37.5% 증가하였는데, 역대 최고치다. 베이비부머 세대의 은퇴가 늘어나고 청년층이 농촌에서 사업기회를 찾으면서 귀농 · 귀촌 인구는 더 늘어날 것으로 전망된다.

귀농 · 귀촌자들이 지역에서 제대로 정착할 수만 있다면 농촌에도 귀농 · 귀촌자에게도 매우 유익한 일이다. 그렇지만 현실은 어떠한가? 그리 녹록하지 않다. 농촌도 치열한 삶의 전쟁터임을 잊으면 안 된다. 사람 사는 곳이니 이웃 간 갈등이 있고 텃세가 있는 곳도 있다. 《나의 문화유산답사기》를 쓴 유홍준 명지대 석좌교수는 5도都 2촌村을 권한다. 도시에서 닷새, 농촌에서 이틀 사는 삶이다. 7년 전에 실행에 옮겼고, 때가 되면 2도 5촌으로 바꾸겠다는 생각을 갖고 있다. 하지만 아직도 실행에 옮기지는 못하고 있다고 한다.

2014년 4월 27일자 경향신문에 실린 귀농·귀촌 특집기사가 눈길을 끈다. 채상헌 교수는 특별히 '6가지 귀농원칙'을 권하고 있다. 또한 "철저한 사전준비와 농촌에 대한 이해도를 높여야 귀농·귀촌에 성공할 수 있다"고 강조한다. 채 교수는 2006년부터 천안연암대학교 귀농 센터장을 맡고 있다. 지금까지 귀농·귀촌인 1만 명을 교육했다. 채상헌 교수는 "농촌에 내려간 첫 해에는 절대 농사를 짓지 말고 이웃과 융화에 힘쓰라"고 조언한다.

> **첫째,** 귀농하는 데 2+1년을 들여라! 2년은 '어느 농촌에서 어떻게, 왜 사는지'의 고민이고, 1년은 현지 적응·탐색 기간이다.
> **둘째,** 왜 농촌에 내려가는지 분명하게 정하라! 귀농이유가 확실하면 어려움도 금방 극복할 수 있다.
> **셋째,** 귀농하려면 가족의 동의를 반드시 구하라! 남편이 꿈꾸는 '전원생활'이 아내에게는 또 다른 '시집살이'가 될 수 있다.
> **넷째,** 농업 기술보다 중요한 것은 관계형성이다. 마을 공동체에 연착륙하면 없던 농지, 모르던 정보도 들어온다.
> **다섯째,** 로마에선 로마법을, 농촌에서는 농촌법을! 농촌에선 권리를 지키려는 법보다 양해를 구하는 게 빠를 수도 있다.
> **여섯째,** 가는 지역에 어느 작물이 적합한지 알아본다. 딸기를 키우고 싶어도 주변에서 모르면 도움을 못 받는다.

요즈음 완주군청 농업농촌식품과 귀농귀촌팀은 더 바빠졌다. 귀농·귀촌을 묻는 방문상담자와 전화상담자가 늘어나고 있기 때문이다. 완주군 귀농·귀촌 가구는 2012년도까지 하더라도 10년 평균 100가구 150여 명에 불과했다. 하지만 2013년부터 눈에 띄게 증가하기 시작하였다. 2013년도 530가구 1,173명, 2014년도 898가구 1,922명이 완주군으로 귀농·귀촌했다. 완주군 운주면 인구가 2,042명(2014년 12월 말 기준)이니 귀농·귀촌으로 운주면이 하나 더 생긴 셈이다. 2015년도에는 1,269세대, 2,871명이 완주군으로 귀농·귀촌했다. 귀농·귀촌이 가히 폭발적으로 증가하고 있으며, 완주군이 '귀농·귀촌 1번지'로 급부상하고 있다.

완주군 귀농·귀촌 연도별 세대수

구분	계	'08년	'09년	'10년	'11년	'12년	'13년	'14년	'15년
세대수(세대)	3,184	51	79	85	121	151	530	898	1,269
인구 수(명)	6,717	72	114	132	182	251	1,173	1,922	2,871

〈자료〉 통계청(2008년~2013년), 완주군청 농업농촌정책과(2014년~2015년)

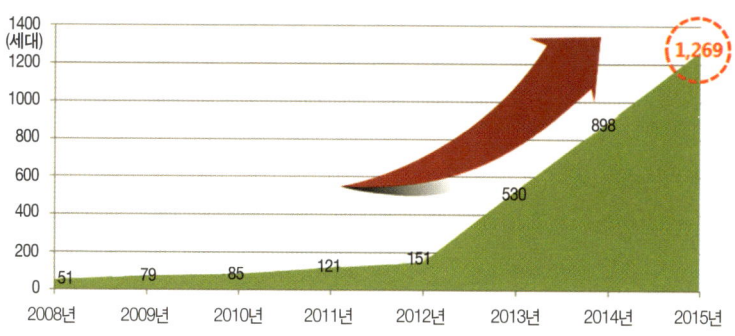

완주군 귀농·귀촌 업무를 총괄하고 있는 안형숙 팀장(지금은 청년정책팀장)에게 비결을 물어보았다.

강 팀장 "귀농·귀촌 관련 문의(방문, 전화 모두) 중에서 가장 질문이 많은 것은 무엇인가요?"

안 팀장 "여러 가지가 있는데요, 첫째, 귀농·귀촌 지원정책에 대한 문의(지자체간 대동소이함), 둘째, 완주군 정착을 위한 주택(빈집, 임대주택 등)과 농지에 대한 문의, 셋째, 로컬푸드 직매장에 대한 문의(연계 가능 여부), 넷째, 주요 소득 작물재배에 관한 것입니다."

강 팀장 "완주군만의 차별화된 귀농·귀촌 정책이 있습니까?"

안 팀장 "첫째, 귀농 초기 고정 소득을 얻을 수 있도록 로컬푸드(직매장)와 거점가공센터를 연계하고 있습니다. 귀농 초기 소규모 비닐하우스(2~3동)에서 농사를 지어 로컬푸드 직매장에 납품하면, 고정수익이 발생합니다. 또한 거점가공센터를 통해 농산물을 가공하여 로컬푸드 직매장에서 판매하면 수익이 발생합니다. 로컬푸드 직매장에 230여 명의 귀농·귀촌자가 참여하고 있으며, 거점가공센터에는 50여 명의 귀농·귀촌자가 활동하고 있습니다. 귀농 3년차 이○○ 농가와 귀농 4년차 이△△ 농가처럼 완주군에 연착륙하는 귀농·귀촌인이 늘어나고 있습니다."

◎ 이○○(52세) 농가 : 귀농 3년 차
- 작목 : 엽채류 30품목(하우스 700평)
- 연매출 : 5천만 원(로컬푸드 직매장 출하)
- 곰보배추비누, 효소 가공

◎ 이△△(45세) 농가 : 귀농 4년 차
- 작목 : 새싹채소(하우스 800평)
- 연매출 : 6천만 원(로컬푸드 직매장 출하)
- 도라지, 결명자 등 약초류(노지 1,700평)

둘째, 투잡 지원정책, 마을·지역 공동체 육성으로 농촌형 일자리가 확대되고 있습니다.

투잡 지원정책으로 파트타임 인건비 50%를 지원하고 있습니다.

◎ 김○○(48세) : 귀농 3년 차
- 돼지감자 재배(800평) : 연소득 천만 원
- 1일 5시간, 주4회 파트타임 근무
  ※ 월 120만 원 부가소득(한그루)

◎ 김△△(41세) : 귀농 2년 차
- 채소류 재배(1,200평) : 연소득 1,200만 원
- 1일 4시간, 주5회 파트타임 근무
  ※ 월 80만 원 부가소득(시니어클럽)

마을 공동체·지역 공동체 활성화와 연계하고 있습니다.

◎ 줌마뜨레(귀촌인+지역주민 8명)
- 거점가공센터교육 + CB창업 지원
- 연매출 : 3억 6천만 원(직매장 납품)

◎ 한그루영농법인(귀촌인 + 지역주민 5명)
- CB공동체창업 지원(편백나무 공예)
- 연매출 : 2억 원(직매장+농협매장 납품)

셋째, 초보 귀농·귀촌인을 위한 행복 멘토단(14명)을 운영하고 있습니다. 초보 귀농·귀촌인들에게 영농기술, 농촌생활 전반에 대한 맞춤형 상담 및 컨설팅을 하고 있습니다. 멘토단은 13개 읍면별로 1명씩 13명, 청년멘토 1명, 모두 14명인데요, 현장 경험이 풍부한 귀농 선배와 지역 리더들입니다. 넷째, 귀농·귀촌인과 지역주민 화합을 위한 융합 프로젝트를 추진하고 있습니다. 지역민과 귀농·귀촌인 간 단계별 교육 및 융합 프로그램 운영으로 친밀감과 유대감이 형성되고 있습니다. 25개 동아리를 지원하고 있으며, 재능기부 활동지원(30명)을 하고 있습니다."

요즘엔 낯선 곳에서 서로 의지하며 살려는 그룹귀농도 생겨나고 있다. 형제들끼리, 귀농학교 동기들끼리, 초등학교 동창생들끼리 집단 귀농하기도 한다. 하지만 '동경대생(동네를 배회하며 경치구경 하는 사람)'이나 '서울대생(친구들로부터 연락이 뜸해져 서운해 하고 울적해 하는 사람)'이 지역에서 환영 받을 수는 없다. 지역 사회의 일원이 되기 위한 끊임없는 노력이 필요하며, 먼저 마음을 열고 다가가려는 자세가 필요하다.

귀농 초기에 고정적인 소득이 생기도록 도와주고, 현장 경험이 풍부한 귀농 선배와 지역 리더가 행복 멘토단으로 도움을 주고, 귀농·귀촌인의 눈높이에 맞는 차별화된 실무 교육으로 도움을 주는 '다함께 열어가는 으뜸도시', '귀농·귀촌 1번지 완주군'. 완주는 공기도 맑고 인심도 좋은 곳으로 최고의 귀농·귀촌지이다.

05
여보게, 농촌에서 춤추기로 1등 해보았나?

방문객 "어디에서 오셨습니까?"

강 팀장 "예! 전북 완주군에서 왔습니다."

방문객 "완도요, 멀리서 오셨네요!"

강 팀장 "완도 말고 완주! 완주군에서 왔어요."

방문객 "원주요?"

강 팀장 "아뇨, 전라북도 완주군이라고요!"

방문객 "완주……" (머리를 긁적긁적)

2009년도 희망제작소에 파견 근무할 때 방문객과 나누었던 대화 내용이다. 그때만 하더라도 완주를 아는 사람이 거의 없었다.

2015년 5월 24일, 퇴근길에 전화가 왔다.

박 간사 "여보세요, 강 팀장님이시죠? 창원시 지역사회복지협의체 박경숙 간사입니다."

강 팀장 "그러시군요, 반갑습니다. 근데 무슨 일이신가요?"

박 간사 "예. 완주에 가서 공부도 좀 하고, 팀장님한테 사례도 듣고, 완주를 둘러보고 싶어서 전화를 드렸습니다."

강 팀장 "인근에도 좋은 사례가 많을텐데, 왜 고생스럽게 완주까지 오시려고 합니까?"

박 간사 "완주 모르면 간첩이죠. 완주만큼 배우고 본받기에 좋은 곳이 또 어디 있습니까?
오전 10시부터 오후 7시까지 계획을 짜주시면 좋겠습니다. 오전에는 강의를 듣고 오후에는 현장을 둘러보았으면 합니다."

강 팀장 "그러세요, 어떤 분들이 오시나요?"

박 간사 "창원시 지역사회복지협의체 교육분과 위원들입니다. 모두 지역 리더들로 한 20명쯤 될 겁니다."

오전 10시부터 오후 7시까지 프로그램이 진행되려면, 아침 7시에 집을 나서야 하고 저녁 10시에나 창원에 도착할 텐데 각오들이 대단했다. 또 한편으로 기분이 묘했다. 불과 6년 전만 하더라도 완주가 어디 있는지 몰라서 대화가 단절되었는데, 생면부지의 박경숙 간사가 "완주 모르면 간첩이라고 하니" 완주를 보는 눈이 많이 달라졌음을 피부로 느낄 수 있었다. 그런 연유로 박경숙, 이명숙, 이재균 님과는 완주와 창원이라는 공간적 제약을 극복하고 서로 격려하고 안부를 묻는 사이가 되었다.

2006년도 그 당시 완주군은 전주시 인근에 위치한 존재감 없는 시골 지역에 불과했다. 예산은 2,439억 원(본 예산), 인구는 84,581명이었다. 하지만 2012년도에는 77년간의 전주 완주청사 시대를 마감하고 완주군 용진읍에 완주군 청사를 신축·이전했다. '변화 없이는 발전 없다'는 마음가짐으로 다양한 노력을 했다. 주민·행정·중간지원조직이 하나로 어울려 신나게 일했다. 어찌 보면 농촌에서 신명나게 한 판 춤을 춘 것 같다.

덕분에 완주군은 '대한민국 농촌 활력의 수도, 로컬푸드 1번지'가 되었다. 많은 수상으로도 이어졌다. 완주군은 2012년도 대한민국 농어촌마을대상에서 대통령상을 수상했다. 두레농장은 2014년도 지역발전 평가 최우수 사례로 선정되었고 완주군은 대통령상 기관표창을 받았다. 완주 로컬푸드조합은 농림축산식품부가 주관하는 농식품 6차산업 유공자 포상에서 영예의 대통령상을 수상했다. 안덕마을과 도계마을은 마을 공동체 우수 사례로 국무총리상을 수상했으며, 마더쿠키는 2013년도 최우수 마을 기업으로 뽑혔다.

우리는 완주에서 함께 어울려서 그냥 춤추기만 했을 뿐인데…….

2014년도 완주군 예산은 5,651억 원(본 예산), 인구는 90,153명, 예산 규모는 전국 84개 군 지역 중에서 3년 연속(2012년~2014년) 1위다. 2006년도 완주군 예산 규모가 전국 86개 군 지역 중에서 74위였

대한민국 으뜸도시 완주를 향해 행정도, 지역 주민도 더불어 한 길을 가고 있다.

던 것에 비교하면 놀랄만한 성과를 이루었다. 8년 만에 예산 규모가 2.3배나 증가하였는데, 전국에서 유래를 찾아보기 힘든 성과다. 2014년도 재정자립도와 재정자주도가 각각 29.5%, 61.8%로 전라북도 내 14개 시·군 중 가장 높다.

인구도 지속적으로 증가하고 있다. 완주군 인구는 20년 동안 8만 4천 명과 8만 6천 명 사이를 반복했다. 그러다가 2014년 1월 말, 8만 7천 명을 넘어섰고 1993년 이후 최고치를 기록했다. 2014년 8월 말 9만 명을 돌파(90,163명)했고, 2015년 12월 8일, 9만 5천 명을 돌파했다. 적극적인 기업유치와 귀농·귀촌 등 다양한 농촌 활력 정책, 공공기관의 혁신도시 이전 등이 맞물렸기 때문에 지속적인 인구증가가 가능했다. 이제는 '10만 완주시대'를 준비하고 있다.

2015년 5월 20일 세종시에서 '2015 전국 지방자치단체 일자리대상' 시상식이 열렸다. 고용노동부에서 주관하는 행사였다. 완주군은 기초자치단체 부문 대상을 수상했다. 기업형 일자리 분야와 농촌형 일자리 분야에서 모두 좋은 평가를 받았다. 이번 평가에는 광역 17개, 기초 226개, 총 243개 지방자치단체가 참여했다. 고용률, 취업자 수 등 정량적 지표와 일자리대책에 대한 자치단체장 의지 등 정성적 지표로 나눠 평가·진행됐는데, 완주군이 226개 기초자치단체 중 1위를 했다.

'2015 전국 지방자치단체 일자리대상' 자료준비는 일자리경제과 임지영 주무관(현재는 봉동읍 근무)이 도맡아서 했다. 발표자료도 임 주무관이 만들었다. 동료 공무원인 국승제 주무관이 도와주었다. 모두 7급 공무원들이다. 임 주무관은 농촌활력과에서 2년 넘게 함께 근무했고, 국 주무관은 '커비연' 학습동아리멤버로 함께 활동하고 있다. 1등을 축하한다고 전화했더니 "강 팀장님이 자료 다 챙겨주셔서 가능했다"며 도리어 "고맙다"고 하다.

누구든 맡은 분야에서 그 업무에 대해 가장 잘 알려고 노력하고 주어진 일에 최선을 다한다. 그리고 동료 일도 자기 일처럼 도와주는 탄탄한 팀워크를 갖추고 있으니 완주군이 여러 분야에서 골고루 1등할 수밖에 없다.

2015년도 완주군 선도행정은 전국 자원봉사대상 대통령상, 농촌

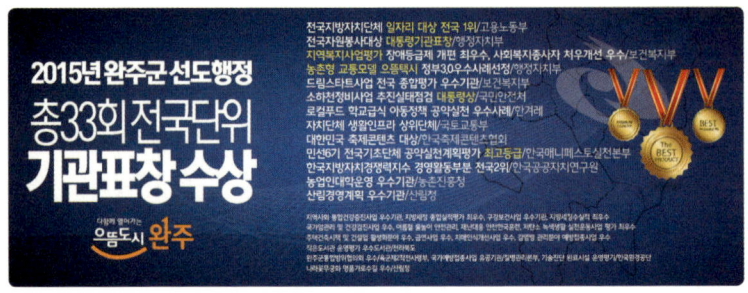

형 교통모델 으뜸택시 정부 3.0 우수사례 선정, 민선 6기 전국기초단체 공약실천계획평가 최우수등급 선정 등 총 33회 전국단위 기관표창을 수상했다.

2016년 5월 11일 완주군은 서울 세종문화회관 세종홀에서 열린 제8회 다산목민대상 시상식에서 대통령상을 수상했다. 다산목민대상은 지방행정의 각 분야에서 주민을 위한 창의적인 시책을 추진하고 있는 기초지방자치단체를 널리 알리고, 이를 통해 중앙 및 지방정부의 혁신을 확산하기 위해 2009년부터 시상해 오고 있다.

완주군은 다산 정약용 선생이 강조한 목민정신인 '율기律己, 봉공奉公, 애민愛民'을 '소통, 변화, 열정'으로 재해석했고 지역에서 꾸준히 실천했다.

특히 '교통은 복지다'라는 새로운 패러다임을 제시하며 '교통복지 1번지 완주'로 주목을 받았으며, 학교급식을 통해 완주 로컬푸

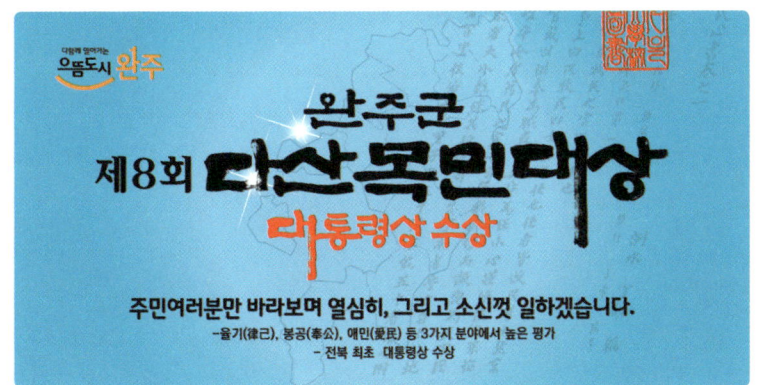

드를 한 단계 업그레이드 시켰다. 전국 최초로 소통 활성화 조례를 제정하고 주민참여 행정을 통해 군민 모두가 주인인 완주군을 만들어 가고 있다. 농촌에서 춤추기로 1등을 하였고, 이제는 으뜸도시 완주로 진화하고 있다.

06

내 사랑 완주
나는 지금 완주아리랑을 부르고 있다

완주군 전역에 풍류 바이러스가 급속하게 확산되고 있다. 가만히 있지를 못하고 어깨를 들썩들썩 완주아리랑을 큰 소리로 따라 부르고, '완주아리랑 · 플래시몹'에 맞춰 덩실덩실 춤도 춘다.

풍류 바이러스의 진원지는 '임동창 풍류학교'다. 그곳엔 풍류마스터 임동창 교장선생님과 풍류학교의 조교들인 '홍야라 밴드'가 있다. 임동창 교장선생님이 말하는 "풍류란 한마디로 '풀어짐'이다." 풍류학교는 "풀어지면 굳어 있던 사랑이 녹아 흐르고 너와 내가 하나 돼 행복하고 신명 나는 삶을 살 수 있다"는 취지로 2013년 11월, 완주군 소양면 위봉산 자락에 문을 열었다.

풍류학교에서는 다양한 풍류체험과 풍류교육이 이뤄지고 있다. 2015년 5월, 한 달 동안 주말마다 신명나는 풍류잔치가 열렸다.

풍류잔치는 2014년 7월, 가수 고故 신해철 씨 등이 출연해 성황을 이루었던 '사랑방 풍류'의 연장선이었다. '인류의 보물과 놀자'를 주제로 이생강, 김청만, 김대균, 김규형, 노름마치 등 쟁쟁한 인간문화재들이 출연했고 특유의 풍류를 풀어냈다.

"올 때는 가볍게 와서 시작하면 넋을 놓고 본다. 황홀하다."
"어떻게 노느냐가 중요한데 내가 직접 춤추고 소리 지르며 노니 나의 어두움이 날아간다."
"일반 공연장에서 조용히 해야 하고 연주하는 것을 보기만 하는 게 답답했던 사람들아! 여기 와서 시원하게 놀아라."
'임동창 사랑방풍류'를 보고 함께 즐겼던 관객들의 평이다.

신명나는 피아노 연주와 진행은 풍류 마스터 임동창 교장선생이 하였고, 풍류학교의 조교들인 '홍야라 밴드'의 노래와 춤이 관객의 흥을 한껏 돋구었다. 특히 매주 '완주아리랑'에 맞춰 플래시몹이 펼쳐졌다. 완주아리랑 작사·작곡 모두 임동창 선생이 했다.

완주아리랑은 단순히 노래로만 그치지 않는다. '완주아리랑·플래시몹'으로 완주지역 어른, 아이 할 것 없이 춤과 노래로 하나가 되고 있다. '플래시몹'이란 불특정 다수인이 정해진 시간과 장소에 모여 주어진 행동을 하는 것이다. 봉서유치원 병아리들도, 용봉초등학교 아이들도, 동상면 어르신들도, 박성일 완주군수도 즐겁게 따라한다. 이젠 완주군 주요행사 끝마무리는 '완주아리랑·플래시몹'이다. 완주군청사 '어울림카페' 개관식에서도, 소양면민의 날 행사에서도 모두 어울려 함께 노래 부르고 춤을 추었다.

완주아리랑

작사 임동창
작곡 임동창

완주군 청사 어울림카페는 당초 완주군수 관사로 지어진 건물이었다. 박성일 완주군수는 선거공약으로 "청사를 완주군 직원들의 보육시설로 활용하겠다"고 약속했다. 직원을 대상으로 보육시설 이용에 대한 의견을 수렴했으나, 10.6%만 찬성하고 89.4%가 반대 의견을 냈다. 관사가 직원들의 집과 멀리 떨어져 있기 때문이었다.

주민과 공무원을 대상으로 관사 활용방안에 대한 아이디어 공모에 나섰고, '커뮤니티 카페'와 '씽킹 하우스'가 최우수작인 금상으로 선정됐다. 관사가 다양한 미술작품을 감상할 수 있는 주민 휴식 및 힐링의 공간인 커뮤니티 카페, 주민·전문가·공무원 간 소통과 공감의 공간인 씽킹 하우스로 변신했다.

2014년 4월 15일, 완주군 소양면 교통연수원에서 '제18회 소양면민의 날 행사'가 열렸다. 2,000여 명의 소양면민과 지역 기관·단체장들이 모였다. 식후행사로 풍류학교 홍야라밴드 공연이 이어졌는데, 소양아리랑을 불렀다. 소양면은 벚꽃 터널과 철쭉으로 유명한 지역인데 소양아리랑 속에 고스란히 담겨 있었다. 소양아리랑 작사, 작곡 역시 임동창 풍류학교 교장선생이 했다.

    아리랑 고개 넘어간다. 쓰리랑 고개 넘어간다
    새들이 노래해 찌찌리 찌리찌, 나는 웃어요, 하하하 호호호
    벚꽃이 웃어요, 철쭉이 웃어요, 국화도 웃어요, 내 마음도 열려요

아리랑 고개 넘어간다. 쓰리랑 고개 넘어간다
어서 와요, 누구라도 좋아요, 함께 살아요, 재미있게 살아요
덩덕기 덩덕꿍, 덩실덩실 덩실, 얼씨구 절씨구, 지화자 좋네
(이하 생략)

소양아리랑은 여러모로 의미가 깊다. 2014년 10월 3일, 완주군 소양면 개청 100주년 행사가 열렸다. 지나간 100년을 기리고 다가올 100년을 꿈꾸는 시간이었다. 소양면 고전무용 청년인 '홍다솜' 양이 소양 미래비전을 선포했으며, 풍류학교 학생들과 어우러진 주민들이 소양아리랑을 불렀다. 소양아리랑이 첫 선을 보이는 순간이었다.

제18회 소양면민의 날 행사 끝마무리는 '완주아리랑·플래시몹'이었다. 함께 어울려 춤을 추는데 박성일 완주군수도 있고, 정성모 완주군 의회의장도 있고, 전영선 소양면장도 있다. 아이들도 있고, 어른들도 있고 남녀노소가 따로 없다. 손가락으로 하늘을 가리키기도 하고, 제자리에서 두세 바퀴 빙글빙글 돌기도 한다. 동작들은 조금 서툴고 어눌하지만 모두가 하나 되어 흥겹게 춤을 추고 있다. 이게 진짜 잔치다. 문화가 어우러지니 주민도 지역도 자연스럽게 하나가 된다.

완주아리랑과 소양아리랑에 이어 13개 읍면 아리랑이 만들어졌다. 삼례아리랑부터 경천아리랑까지 완주에 사는 사람 모두 아리랑을 통해 하나가 될 거라 생각하니 가슴이 떨린다. 이제 완주발

어울림카페는 주민과 전문가와 공무원이 서로 모여
차 한 잔 마시면서 소통하기엔 최적의 장소다.

행복바이러스가 전국을 강타하는 것은 시간문제다.

완전한 고을Perfect City, 대한민국 으뜸도시 완주군完州郡, 놀이터 완주군에서 뽀빠이 공무원으로 참 열심히 일했다. 완주군민 모두가 하나 되어 즐겁고 행복한 삶을 살 수 있으니 더욱 신명이 난다. 일도 즐겁고 보람도 있으니 나는 참 행복한 공무원이다.

내 사랑 완주, 나는 지금 완주아리랑을 부르고 있다.

나는야 뽀빠이 공무원

부록

완주군 농촌 활력 정책의
핵심인 마을 공동체, 로컬푸드,
귀농·귀촌 정책

01

완주型 마을 공동체 회사
지역 공동체 회사

가. 완주型 마을 공동체 회사

설립목적	협업적 경영을 통한 농업의 부가가치 제고
조직형태	상법상 회사(영농법인, 농업회사법인, 주식회사)
조직구성	마을 전체 가구의 50% 이상(법정리 40% 이상)
거점공간	영농권과 생활권이 동일한 마을 단위(자연 마을, 법정리)
사업내용	농산물의 가공, 유통, 판매 및 농촌체험관광
수익배분	순수익의 20% 이상 사회적 서비스 제공 - 정관 명시
의결권	출자 비율에 상관없이 1인 1표
고용형태	정규직, 계약직, 일용직 혼합

나. 지역 공동체 회사(CB창업 공동체 회사)

설립목적	사회적 서비스 확충, 일자리 창출
조직형태	상법상 회사, 민법상 조합·법인, 비영리 민간단체
조직구성	완주군민 100% 출자 참여
거점공간	완주군 관내
사업내용	문화, 복지, 교육, 보건, 환경 등 사회적 서비스 제공
수익배분	순수익의 30% 재투자, 70% 사회적 일자리 제공
의결권	출자 비율에 상관없이 1인 1표
고용형태	정규직

다. 마을 공동체 회사 단계별 5개년 가이드라인

단계 내용	맛있는 마을 발굴단계	멋있는 마을 발굴단계	참살기 좋은 마을 육성단계	파워빌리지 도약단계	마을 회사 자립단계
사업 유형	공동체 조직화	생태경관 자원화	소득사업 활성화	융·복합 산업화	경영안정화
지원 대상	신규 마을 전체	신규 마을 전체	맛, 멋있는 마을 선행	참살기, CB시범 선행	파워빌리지 선행
사업 단위	사연 마을	행정리/ 법정리	자연 마을	행징리/ 법징리	헹징리/ 법정리 /권역
사업 개소	매년 30개 내외	매년 10개 내외	매년 20개 내외	매년 10개 내외	매년 10개 내외
지원 기간	6개월	1년	1~2년	1~3년	1~2년
지원 조건	전액 보조	자부담 10% (현물, 현금)	자부담 10% (현물, 현금)	자부담 20% (현물, 현금)	자부담 20%(인건비)

단계 내용	맛있는 마을 발굴단계	멋있는 마을 발굴단계	참살기 좋은 마을 육성단계	파워빌리지 도약단계	마을 회사 자립단계
조직 형태	마을 공동체	마을 공동체	마을 추진 위원회	영농조합법인	상법상회사 포함
지원 금액	100만 원 / 6개월	1천만 원 / 년 HW 70% SW 30%	5천만 원 / 년 HW 90% SW 10%	1억 원 / 년 HW 70% SW 30%	1억 원 / 년 HW 10% SW 90%
국도비 연계			체험휴양 마을 식품가공체험 건강장수 마을 가공활성화 마을	전북 향토산업 마을 녹색농촌체험 마을 산촌생태 마을 조성 체험휴양 마을 지정	사회적 기업 연계 농어촌 공동체 회사 농촌마을종합 개발
사무장 지원	–	–	–	○ 월 120만 원 (자부담 20%)	○ 월 150만 원 (자부담 20%)

〈자료〉 완주군 마을공동체회사 육성지침(2010년 10월 12일)

02
식食과 농農의 거리를 좁히는 완주 로컬푸드

가. 완주군이 로컬푸드를 선택한 이유
- 완주군 농가 수*, 농가인구 : 9,232가구, 25,571명(남 12,742명, 여 12,829명)
- 1ha 미만 농가 : 6,610농가(71%),
  소득 1천만 원 미만 농가 : 5,827농가(63%)
- 65세 이상 고령농(비중 36.5%) 중에 68%가 자가소비로 생산물 소비

> 완주군 지역 농업의 지속가능한 생산구조를 만들어 가는데 있어서 영세 고령농의 생산적 복지를 통한 삶의 질을 높이는 문제가 매우 중요한 과제로 대두되었고, 로컬푸드를 통해 관계시장을 창출함으로써 지역 전체의 소득도 높이고 지역 농업 및 지역 사회의 지속가능성도 담보해 보자는 취지에서 출발하였다.

---
* 완주군 농가 수, 농가인구, 농가소득 : 2010년 농림어업총조사 자료

나. **정책슬로건** : 월 150만 원 버는 월급받는 농부 3,000농가 만들기

다. **지역 농업 두 트랙 전략**

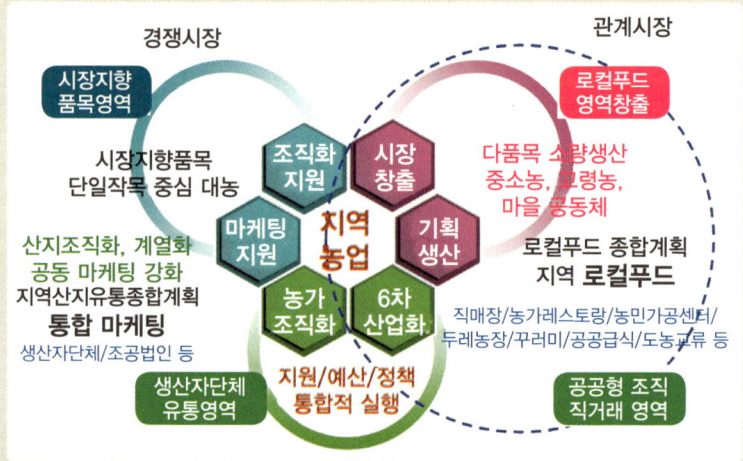

라. **로컬푸드 통합 추진 전략 수립**

구분	정책명	세부내용	비고
정책 목표	대상	• 영세소농, 고령농, 여성농 – 0.5ha 미만 농가 3,412농가(1차)	– 장기적으로 1ha 미만 농가 참여 – 상업농과 초기단계 분리대응
	목표	• 월 소득 150만 원 보장 (로컬푸드를 통한 소득증대분)	– 1단계 3,000가구
정책 수단	기획생산	• 다품목소량생산, 농민가공	– 조직화 : 협동조합, 생산자 단체
	관계 시장	• 직판장, 꾸러미, 공공급식 등 • 농가레스토랑/음식점	– 직판장 중심(6차 산업화 지향)
	물류 시스템	• 로컬푸드 통합지원센터	– 생산·유통·소비 통합 컨트롤타워
조직 육성	민간	• 공공형 운영조직	– 로컬푸드협동조합, 재단법인 등
	관(행정)	• 농촌활력과, 로컬푸드 담당	– 2010. 7 농촌활력과 신설
제도 정비	조례 제정	• 로컬푸드 육성 및 지원조례외 • 완주군 공동체 활성화 지원 조례	– '3년 현재 총 5개 조례제정

마. 로컬푸드 출하과정 & 로컬푸드 직매장 관련 정보

- 완주군 상관면 농부의 로컬푸드 출하 과정

출하할 농산물 소포장
수확한 농산물을 손질해 적당한 양으로 포장한다.

물건 싣고 직매장 이동
물품을 순회수집차량을 이용해 보내거나 직접 가지고 매장에 간다.

물건에 가격 바코드 부착
매장 선별장에서 농가번호를 입력한 뒤 가격표를 출력해 붙인다.

직매장 매대에 물품 진열
가격표를 붙인 물품을 직접 판매대에 진열하고 오래된 물품은 회수한다. 일주일 후, 가공품은 한달 후 판매대금을 받는다.

- 완주군 로컬푸드 직매장 관련 정보

완주군청 로컬푸드팀 063) 290-2461(4)
용진 로컬푸드 직매장 063) 243-7009, 243-7062
효자동 로컬푸드 직매장 063) 253-5760
모악산 로컬푸드 해피스테이션 063) 253-5761
하가 로컬푸드 직매장 063) 902-5760
둔산 로컬푸드 직매장 063) 905-5761
공공학교 급식지원센터 063) 262-2791
고산 로컬푸드 가공센터 063) 261-4939
구이 로컬푸드 가공센터 063) 226-5582

〈자료〉 완주군, 완주 로컬푸드협동조합, 로컬푸드 소식지, 통계청

03
행복한 삶을 위한 새로운 시작
귀농 · 귀촌은 완주로

가. 완주군 귀농귀촌 지원팀

> ✓ 완주군청 농업농촌식품과 귀농귀촌팀 063) 290-2471(4)
> ✓ 완주군 귀농귀촌지원센터 063) 261-3730
>   완주군 고산면 고산천로 854-7(지역경제순환센터 1층)

나. 완주군 귀농 · 귀촌 지원 정책

1) 지원 대상(만 65세 미만)
- 완주군 이외의 타 지역에서 1년 이상 거주하다 가족과 함께 전입하여
  ▷ 농업을 전업으로 하는 자(농업 경영 2,000㎡ 이상) : 귀농자
  ▷ 농업을 겸업으로 하는 자(농업 경영 1,000㎡ 이상) : 귀촌자

주택매입 신축수리	농지 매입임차	출산 장려금	자녀 학자금	교육 훈련비	이사비	소규모 하우스
귀농자	귀농자	귀농자 귀촌자	귀농자 귀촌자	귀농자 귀촌자	귀농자 귀촌자	귀농자
500만 원	250만 원	120만 원	고등학교 50만 원 대학교 200만 원	최대 30만 원	50만 원	960만 원 (연 5동)

다. 완주군 다양한 귀농시책

사업명		사업내용
팜투어/ 수도권 귀농학교 지원 사업	목적	귀농·귀촌을 준비하는 도시민을 대상으로 체험기회 제공
	내용	선배 귀농 농가 견학 및 간담 / 완주군 농촌 활력 정책 소개
투잡 지원 사업	목적	귀농·귀촌인에게 일정기간 파트타임 일자리 임금 지원
	내용	고용기관, 단체에 인건비 보조(50%) / 월 60만 원 이내
재능기부활동 지원 사업	목적	귀농·귀촌인의 재능, 특기를 활용한 교육, 복지, 문화 활동 지원
	내용	활동비 지원(시간당 2만 원, 1일 5만 원) / 월 40만 원 이내
네트워크활동 지원 사업	목적	귀농·귀촌인과 지역민이 서로 어울리는 동아리 활동 지원
	내용	활동비 지원(강사비, 재료비 등) / 연 200만 원 이내
행복멘토 지원 사업	목적	예비(초보) 귀농·귀촌인에게 맞춤형 컨설팅 및 상담 지원
	내용	읍면별 1인 멘토 활동 / 총 13명 활동
재능나눔봉사단 지원 사업	목적	귀농·귀촌인의 재능, 특기를 나누는 봉사단 활동 지원
	내용	활동비 지원(재료비, 교통비 등)
체류형 창업지원 센터조성 사업	목적	예비 귀농인들이 1년여 간 거주하면서 귀농교육을 받을 수 있는 체류형 교육 공간 조성
	내용	체류형 주택 10동 / 실습농장, 하우스, 교육장, 사무실 등
행복한 둥지 (귀농인의 집) 조성 사업	목적	농촌 빈집을 리모델링하여 예비 귀농인이 일시적(1년)으로 거주할 수 있도록 제공
	내용	2016년 9월말 현재 13개소

〈자료〉 완주군

라. 인생 이모작은 완주군에서

- 귀농·귀촌에 대한 노하우를 최선을 다해 알려줍니다.

- 새내기 귀농·귀촌인 교육과 화합에도 힘쓰고 있으며, 완주군 귀농·귀촌인 종합컨설팅을 위한 '행복멘토단'을 운영하고 있습니다.

04

완주 공동체지원센터
완주 마을여행사업단 (사)마을통

가. 완주 공동체지원센터(www.wanjucb.com)

1) 연 락 처 : 063)714-4777~8, 팩스 063)714-4779

2) 주요기능

- 마을 공동체, 지역 공동체 발굴·육성 지원 및 교육
- 완주군 공동체 활성화를 위한 시책연구 및 개발
- 주민 상담 및 홍보 사업
- 완주 르네상스 육성 및 도시재생 사업

나. 완주 마을여행사업단 (사) 마을통(www.maultong.com)

1) 연 락 처 : 063)717-7700(3), 팩스 063)717-7704

2) 주요기능

- 완주군 벤치마킹 기획 및 안내, 마을 테마 여행
- 완주군 마을 공동체 정보 제공
- 다양한 마을 여행, 체험프로그램 진행
- 농촌체험 : 농사체험, 수확체험, 농촌문화체험
- 팸 투어, 투어바이크체험, 병영체험, 우리 마을 소개

에필로그

어느 분이 제게 문제를 냈습니다.
"0에 1을 더하면 얼마입니까? 그리고 100에서 1을 빼면 얼마입니까?"
저는 "첫 번째 답은 1, 두 번째 문제의 답은 99"라고 대답했습니다.

그러자 그분은 이렇게 말씀하셨습니다. "로컬푸드 직매장을 처음 찾아온 소비자라 하더라도 감동받으면 100번 찾아오는 소비자가 될 수 있습니다. 하지만 로컬푸드 직매장을 100번 찾아온 소비자라 하더라도 한 번 실망하면 두 번 다시는 오지 않을 수도 있습니다."

"그래서 첫 번째 문제의 답은 100, 두 번째 문제의 답은 0입니다."

더 얻을 수도 있지만 모두 잃을 수도 있습니다. 그것은 전적으로 우리 스스로에게 달려 있다는 것을, 정직과 신뢰가 얼마나 소중한지를 '두 문제'로부터 깨달았습니다.

'기록은 기억을 능가한다'고 했습니다. 완주군을 찾아오는 많은 분들에게 완주군 농업·농촌 사례를 소개했습니다. 그때마다 자료를 공유해 달라고 했고, 노하우를 전수해 달라고 했습니다. 그래서 그간의 경험을 언젠가 꼭 정리해야겠다고 생각했습니다.

'행운은 준비가 기회를 만났을 때 생기는 것이다'라고 했던가요? 우리는 주민, 행정, 의회, 중간지원조직이 합심하여 준비하고 또 준비했습니다. 그리고 과감히 도전했습니다.

　로컬푸드 직매장을 개장하기에 앞서서 1년이 넘는 기간 동안 13개 읍면을 돌면서 주민들을 교육하고 조직화하는 작업을 병행했습니다. "이게 과연 될까요?"라며 반신반의하는 주민들과 함께 일본에 가서 새벽부터 밤늦게까지 공부하고 또 공부했습니다. 그런 노력들이 없었다면 완주군 농촌 활력 정책은 성공할 수 없었을 것입니다.

　누구든지 빨리 가는 것을 좋아합니다. 하지만 때로는 천천히 갈 필요도 있습니다. 여러 사람들이 함께 갈 때는 특히 더 그렇습니다. 걸음이 느린 사람을 위해, 다 같이 함께 같이 갈 수 있도록 배려하는 마음이 필요합니다.

　'도시가 꽃이라면 농촌은 뿌리입니다' 뿌리가 시들고 있는데 어찌 예쁜 꽃을 기대할 수 있겠습니까? 도시와 농촌이 상생하고 오래오래 지속되려면 서로를 배려하고 존중하는 마음이 중요합니다.

　생산자는 소비자를 배려해서 정직하게 농산물을 가꾸어야 하고, 소비자는 정성껏 기른 농산물을 감사하는 마음으로 제값주고 살 수 있어야 합니다. 완주에서처럼 말입니다.

　'농촌활력의 수도, 로컬푸드 1번지 완주' 사례는 현재진행형입니다. 완전한 고을, 모든 것이 갖춰져 있는 자족 도농복합도시, '완주, 완주군完州郡' 이제는 교통복지 1번지를 실현해 가고 있습니다. 주민 스스로 지역 문제를 고민하고 해결해 나가는 '내발적 발전모델'이 정착하려면 아직 갈 길이 멀고 보완해야 할 것이 많습니다.

　많은 곳에서 완주군 벤치마킹을 위해 방문했을 때 '외형만 보지 말고 그 안에 담겨있는 가치와 철학을 가져가라!'고 했습니다. 외형은 흉내 낼 수 있지만 철학은 흉내 낼 수 없고, 철학을 지역에 담아내는 데에는 준비가 필요하고 시간이 걸리기 때문입니다.

엊그제 공무원이 된 것 같은 데 벌써 20년이 다 되어갑니다. 그동안 참 많은 일들이 있었습니다. 갈등도 많았고 고민도 많았습니다. 처음에는 "나는 열심히 일하고 있는데, 왜 나를 알아주지 않느냐?"며 불평도 많이 했습니다. 그리고 모든 문제는 밖에서 시작된다고 생각했습니다. 그동안 수많은 경험을 했습니다. 시민단체에도 파견을 다녀왔습니다. 이제야 비로소 '모든 문제는 내 안에서 시작된다'는 평범한 진리를 깨달았습니다.

주민들은 참으로 많은 교육을 받으면서 잘 참고 이해해 주셨습니다. '커뮤니티비즈니스'를 완주에 처음 접목했을 때 '거 뭐시기'라며 어렵다고 하셨지만 이제는 "그건 우리들한테 도움 주는 거잖여!"라며 말씀해 주십니다. 고맙고 또 고마운 분들입니다.

주민들과 함께 완주군 곳곳에 있는 놀이터에서 신나게 놀았습니다. 한바탕 춤도 추었고, 노래도 불렀습니다. 주민들의 지혜와 행정의 노력이 더해지니 많은 결실을 이루었습니다. 덕분에 뽀빠이 공무원이 되어서 책도 펴내게 되었습니다. 너무나 감사하고 행복한 일입니다.

시작은 미약하였으나 끝은 창대하리라! 완주군에서 시작한 마을 공동체, 지역 공동체, 두레농장, 로컬푸드가 '서로 돕고 함께 나누는' 사회적 경제의 뿌리가 되어 지역에 확산되고 있습니다. 완주아리랑을 통해 주민들은 지역을 더욱 아끼고 사랑하게 되었습니다. 농업·농촌으로 시작한 완주발 행복바이러스가 다른 지역에도 확산되어 더불어 행복했으면 하는 바람입니다.

가림출판사 · 가림 M & B · 가림 Let's에서 나온 책들

문학

바늘구멍
켄 폴리트 지음 | 홍영의 옮김
신국판 | 342쪽 | 5,300원

레베카의 열쇠
켄 폴리트 지음 | 손연숙 옮김
신국판 | 492쪽 | 6,800원

암병선
니시무라 쥬코 지음 | 홍영의 옮김
신국판 | 300쪽 | 4,800원

첫키스한 얘기 말해도 될까
김정미 외 7명 지음 | 신국판 | 228쪽 | 4,000원

사미인곡 上·中·下
김충호 지음 | 신국판 | 각 권 5,000원

이내의 끝자리
박수완 스님 지음 | 국판변형 | 132쪽 | 3,000원

너는 왜 나에게 다가서야 했는지
김충호 지음 | 국판변형 | 124쪽 | 3,000원

세계의 명언
편집부 엮음 | 신국판 | 322쪽 | 5,000원

여자가 알아야 할 101가지 지혜
제인 아서 엮음 | 지창국 옮김
4×6판 | 132쪽 | 5,000원

현명한 사람이 읽는 지혜로운 이야기
이정민 엮음 | 신국판 | 236쪽 | 6,500원

성공적인 표정이 당신을 바꾼다
마츠오 도오루 지음 | 홍영의 옮김
신국판 | 240쪽 | 7,500원

태양의 법
오오카와 류우호오 지음 | 민병수 옮김
신국판 | 246쪽 | 8,500원

영원의 법
오오카와 류우호오 지음 | 민병수 옮김
신국판 | 240쪽 | 8,000원

석가의 본심
오오카와 류우호오 지음 | 민병수 옮김
신국판 | 246쪽 | 10,000원

옛 사람들의 재치와 웃음
강형중·김경익 편저 | 신국판 | 316쪽 | 8,000원

지혜의 쉼터
쇼펜하우어 지음 | 김충호 엮음
4×6판 양장본 | 160쪽 | 4,300원

헤세가 너에게
헤르만 헤세 지음 | 홍영의 엮음
4×6판 양장본 | 144쪽 | 4,500원

사랑보다 소중한 삶의 의미
크리슈나무르티 지음 | 최윤영 엮음
4×6판 | 180쪽 | 4,000원

장자 - 어찌하여 알 속에 털이 있다 하는가
홍영의 엮음 | 4×6판 | 180쪽 | 4,000원

논어 - 배우고 때로 익히면 즐겁지 아니한가
신도희 엮음 | 4×6판 | 180쪽 | 4,000원

맹자 - 가까이 있는데 어찌 먼 데서 구하려 하는가
홍영의 엮음 | 4×6판 | 180쪽 | 4,000원

아름다운 세상을 만드는 사랑의 메시지 365
DuMont monte Verlag 엮음 | 정성호 옮김
4×6판 변형 양장본 | 240쪽 | 8,000원

황금의 법
오오카와 류우호오 지음 | 민병수 옮김
신국판 | 320쪽 | 12,000원

왜 여자는 바람을 피우는가?
기젤라 룬테 지음 | 김현성·진정미 옮김
국판 | 200쪽 | 7,000원

세상에서 가장 아름다운 선물
김인자 지음 | 국판변형 | 292쪽 | 9,000원

수능에 꼭 나오는 한국 단편 33
윤종필 엮음 및 해설 | 신국판 | 704쪽 | 11,000원

수능에 꼭 나오는 한국 현대 단편 소설
윤종필 엮음 및 해설 | 신국판 | 364쪽 | 11,000원

수능에 꼭 나오는 세계단편(영미권)
지창영 옮김 | 윤종필 엮음 및 해설
신국판 | 328쪽 | 10,000원

수능에 꼭 나오는 세계단편(유럽권)
지창영 옮김 | 윤종필 엮음 및 해설
신국판 | 360쪽 | 11,000원

대왕세종 1·2·3
박춘호 지음 | 신국판 | 각 권 9,800원

세상에서 가장 소중한 아버지의 선물
최은경 지음 | 신국판 | 144쪽 | 9,500원

마담파리와 고서방
이젤 지음 | 신국판 | 268쪽 | 13,000원

건강

아름다운 피부미용법
이순희(한독피부미용학원 원장) 지음
신국판 | 296쪽 | 6,000원

버섯건강요법
김병각 외 6명 지음 | 신국판 | 286쪽 | 8,000원

성인병과 암을 정복하는 유기게르마늄
이상현 편저 | 캬오 사요키 감수
신국판 | 312쪽 | 9,000원

난치성 피부병
생약효소연구원 지음 | 신국판 | 232쪽 | 7,500원

新 방약합편
정도명 편역 | 신국판 | 416쪽 | 15,000원

자연치료 의학
오홍근(신경정신과 의학박사·자연의학박사) 지음 | 신국판 | 472쪽 | 15,000원

약초의 활용과 가정한방
이인성 지음 | 신국판 | 384쪽 | 8,500원

역전의학
이시하라 유미 지음 | 유태종 감수
신국판 | 286쪽 | 8,500원

이순희식 순수피부미용법
이순희(한독피부미용학원 원장) 지음
신국판 | 304쪽 | 7,000원

21세기 당뇨병 예방과 치료법
이현철(연세대 의대 내과 교수) 지음
신국판 | 360쪽 | 9,500원

신재용의 민의학 동의보감
신재용(해성한의원 원장) 지음
신국판 | 476쪽 | 10,000원

치매 알면 치매 이긴다
배오성(백상한방병원 원장) 지음
신국판 | 312쪽 | 10,000원

21세기 건강혁명 밥상 위의 보약 생식
최경순 지음 | 신국판 | 348쪽 | 9,800원

기치유와 기공수련
윤한홍(기치유 연구회 회장) 지음
신국판 | 340쪽 | 12,000원

만병의 근원 스트레스 원인과 퇴치
김지혁(김지혁한의원 원장) 지음
신국판 | 324쪽 | 9,500원

김종성 박사의 뇌졸중 119
김종성 지음 | 신국판 | 356쪽 | 12,000원

탈모 예방과 모발 클리닉
장정훈·전재홍 지음 | 신국판 | 252쪽 | 8,000원

구태규의 100% 성공 다이어트
구태규 지음 | 4×6배판 변형 | 240쪽 | 9,900원

암 예방과 치료법
이춘기 지음 | 신국판 | 296쪽 | 11,000원

알기 쉬운 위장병 예방과 치료법
민영일 지음 | 신국판 | 328쪽 | 9,900원

이온 체내혁명
노보루 야마노이 지음 | 김병관 옮김
신국판 | 272쪽 | 9,500원

어혈과 사혈요법
정지천 지음 | 신국판 | 308쪽 | 12,000원

약손 경락마사지로 건강미인 만들기
고정환 지음 | 4×6배판 변형 | 284쪽 | 15,000원

정유정의 LOVE DIET
정유정 지음 | 4×6배판 변형 | 196쪽 | 10,500원

머리에서 발끝까지 예뻐지는 부분다이어트
신상만·김선민 지음 | 4×6배판 변형
196쪽 | 11,000원

알기 쉬운 심장병 119
박승정 지음 | 신국판 | 248쪽 | 9,000원

알기 쉬운 고혈압 119
이정균 지음 | 신국판 | 304쪽 | 10,000원

여성을 위한 부인과질환의 예방과 치료
차선희 지음 | 신국판 | 304쪽 | 10,000원

알기 쉬운 아토피 119
이승규·임승엽·김문호·안유일 지음
신국판 | 232쪽 | 9,500원

120세에 도전한다
이권행 지음 | 신국판 | 308쪽 | 11,000원

건강과 아름다움을 만드는 요가
정판식 지음 | 4×6배판 변형 | 224쪽 | 14,000원

우리 아이 건강하고 아름다운 롱다리 만들기
김성훈 지음 | 대국전판 | 236쪽 | 10,500원

알기 쉬운 허리디스크 예방과 치료
이종서 지음 | 대국전판 | 336쪽 | 12,000원

소아과전문의에게 듣는 알기 쉬운 소아과 119
신영규·이강우·최성항 지음 | 4×6배판 변형
280쪽 | 14,000원

피가 맑아야 건강하게 오래 살 수 있다
김영찬 지음 | 신국판 | 256쪽 | 10,000원

웰빙형 피부 미인을 만드는 나만의 셀프 피부건강
양해원 지음 | 대국전판 | 144쪽 | 10,000원

내 몸을 살리는 생활 속의 웰빙 항암 식품
이승남 지음 | 대국전판 | 248쪽 | 9,800원

마음한글 느낌한글
박완식 지음 | 4×6배판 | 300쪽 | 15,000원

웰빙 동의보감식 발마사지 10분
최미희 지음 | 신재용 감수
4×6배판 변형 | 204쪽 | 13,000원

아름다운 몸 건강한 몸을 위한 목욕 건강 30분
임하성 지음 | 대국전판 | 176쪽 | 9,500원

내가 만드는 한방생주스 60
김영섭 지음 | 국판 | 112쪽 | 7,000원

건강도 키우고 성적도 올리는 자녀 건강
김진돈 지음 | 신국판 | 304쪽 | 12,000원

알기 쉬운 간질환 119
이관식 지음 | 신국판 | 264쪽 | 11,000원

밥으로 병을 고친다
허봉수 지음 | 대국전판 | 352쪽 | 13,500원

알기 쉬운 신장병 119
김형규 지음 | 신국판 | 240쪽 | 10,000원

마음의 감기 치료법 우울증 119
이민수 지음 | 대국전판 | 232쪽 | 9,800원

관절염 119
송영욱 지음 | 대국전판 | 224쪽 | 9,800원

내 딸을 위한 미성년 클리닉
강병문 · 이향아 · 최정원 지음 | 국판
148쪽 | 8,000원

암을 다스리는 기적의 치유법
케이 세이헤이 감수 | 카와키 나리카즈 지음
민병수 옮김 | 신국판 | 256쪽 | 9,000원

스트레스 다스리기 대한불안장애학회
스트레스관리연구특별위원회 지음
신국판 | 304쪽 | 12,000원

천연 식초 건강법
건강식품연구회 엮음
신재용(해성한의원 원장) 감수
신국판 | 252쪽 | 9,000원

암에 대한 모든 것
서울아산병원 암센터 지음
신국판 | 360쪽 | 13,000원

알록달록 컬러 다이어트
이승남 지음 | 국판 | 248쪽 | 10,000원

불임부부의 희망 당신도 부모가 될 수 있다
정병준 지음 | 신국판 | 268쪽 | 9,500원

키 10cm 더 크는 키네스 성장법
김용수 · 이종관 · 최형규 · 표재환 · 김문희 지음
대국전판 | 312쪽 | 12,000원

당뇨병 백과
이현철 · 송영득 · 안철우 지음
4×6배판 변형 | 396쪽 | 16,000원

호흡기 클리닉 119
박성학 지음 | 신국판 | 256쪽 | 10,000원

키 쑥쑥 크는 롱다리 만들기
롱다리 성장클리닉 원장단 지음
대국전판 | 256쪽 | 11,000원

내 몸을 살리는 건강식품
백은희 지음 | 신국판 | 384쪽 | 12,000원

내 몸에 맞는 운동과 건강
하철수 지음 | 신국판 | 264쪽 | 11,000원

알기 쉬운 척추 질환 119
김수연 지음 | 신국판 변형 | 240쪽 | 11,000원

베스트 닥터 박승정 교수팀의
심장병 예방과 치료
박승정 외5인 지음 | 신국판 | 264쪽 | 10,500원

암 전이 재발을 막아주는 한방 신치료 전략
조종관 · 유화승 지음 | 신국판 | 308쪽 | 12,000원

식탁 위의 위대한 혁명 사계절 웰빙 식품
김진돈 지음 | 신국판 | 284쪽 | 12,000원

우리 가족 건강을 위한 신종플루 대처법
우준희 · 김태형 · 정진원 지음
신국판 변형 | 172쪽 | 8,500원

스트레스가 내 몸을 살린다
대한불안의학회 스트레스관리특별위원회 지음
신국판 | 296쪽 | 13,000원

수술하지 않고도 나도 예뻐질 수 있다
김경모 지음 | 신국판 | 144쪽 | 9,000원

심장병 119
서울아산병원 심장병원 박승정 박사 지음
신국판 | 292쪽 | 13,000원

교 육

우리 교육의 창조적 백색혁명
원상기 지음 | 신국판 | 206쪽 | 6,000원

현대생활과 체육
조청남외5명 공저 | 신국판 | 340쪽 | 10,000원

퍼펙트 MBA
IAE유학네트 지음 | 신국판 | 400쪽 | 12,000원

유학길라잡이 I - 미국편
IAE유학네트 지음 | 4×6배판 | 372쪽 | 13,900원

유학길라잡이 II - 4개국편
IAE유학네트 지음 | 4×6배판 | 348쪽 | 13,900원

조기유학길라잡이.com
IAE유학네트 지음 | 4×6배판 | 428쪽 | 15,000원

현대인의 건강생활
박상호외5명 공저 | 4×6배판 | 268쪽 | 15,000원

천재아이로 키우는 두뇌훈련
나카마츠 요시로 지음 | 민병수 옮김
국판 | 288쪽 | 9,500원

두뇌혁명
나카마츠 요시로 지음 | 민병수 옮김
4×6판 양장본 | 288쪽 | 12,000원

테마별 고사성어로 익히는 한자
김경익 지음 | 4×6배판 변형 | 248쪽 | 9,800원

생생공부비법
이은승 지음 | 대국전판 | 272쪽 | 9,500원

자녀를 성공시키는 습관만들기
배은경 지음 | 대국전판 | 232쪽 | 9,500원

한자능력검정시험 1급
한자능력검정시험연구위원회 편저
4×6배판 | 568쪽 | 21,000원

한자능력검정시험 2급
한자능력검정시험연구위원회 편저
4×6배판 | 472쪽 | 18,000원

한자능력검정시험 3급(3급II)
한자능력검정시험연구위원회 편저
4×6배판 | 440쪽 | 17,000원

한자능력검정시험 4급(4급II)
한자능력검정시험연구위원회 편저
4×6배판 | 352쪽 | 15,000원

한자능력검정시험 5급
한자능력검정시험연구위원회 편저
4×6배판 | 264쪽 | 11,000원

한자능력검정시험 6급
한자능력검정시험연구위원회 편저
4×6배판 | 168쪽 | 8,500원

한자능력검정시험 7급
한자능력검정시험연구위원회 편저
4×6배판 | 152쪽 | 7,000원

한자능력검정시험 8급
한자능력검정시험연구위원회 편저
4×6배판 | 112쪽 | 6,000원

볼링의 이론과 실기
이택상 지음 | 신국판 | 192쪽 | 9,000원

고사성어로 끝내는 천자문
조준상 글 · 그림 | 4×6배판 | 216쪽 | 12,000원

내 아이 스타 만들기
김민성 지음 | 신국판 | 200쪽 | 9,000원

교육 1번지 강남 엄마들의 수험생 자녀 관리
황송주 지음 | 신국판 | 288쪽 | 9,500원

초등학생이 꼭 알아야 할 위대한 역사 상식
우진영 · 이양경 지음 | 4×6배판변형
228쪽 | 9,500원

초등학생이 꼭 알아야 할 행복한 경제 상식
우진영 · 전선심 지음 | 4×6배판변형
224쪽 | 9,500원

초등학생이 꼭 알아야 재미있는 과학상식
우진영 · 정경희 지음 | 4×6배판변형
220쪽 | 9,500원

한자능력검정시험 3급 · 3급II
한자능력검정시험연구위원회 편저
4×6판 | 380쪽 | 7,500원

교과서 속에 꼭꼭 숨어있는 이색박물관 체험
이신화 지음 | 대국전판 | 248쪽 | 12,000원

초등학생 독서 논술(저학년)
책마루 독서교육연구회 지음 | 4×6배판 변형
244쪽 | 14,000원

초등학생 독서 논술(고학년)
책마루 독서교육연구회 지음 | 4×6배판 변형
236쪽 | 14,000원

놀면서 배우는 경제
김솔 지음 | 대국전판 | 196쪽 | 10,000원

건강생활과 레저스포츠 즐기기
강선희외11명 공저 | 4×6배판 | 324쪽 | 18,000원

아이의 미래를 바꿔주는 좋은 습관
배은경 지음 | 신국판 | 216쪽 | 9,500원

다중지능 아이의 미래를 바꾼다
이소영외6인 지음 | 신국판 | 232쪽 | 11,000원

체육학 자연과학 및 사회과학 분야의 석 ·
박사 학위 논문, 학술진흥재단
등재지, 등재후보지와 관련된 학회지 논문
작성법
하철수 · 김봉경 지음 | 신국판 | 336쪽 | 15,000원

공부가 제일 쉬운 공부 달인 되기
이은승 지음 | 신국판 | 256쪽 | 10,000원

글로벌 리더가 되려면 영어부터 정복하라
서재희 지음 | 신국판 | 276쪽 | 11,500원

중국현대30년사
정재일 지음 | 신국판 | 364쪽 | 20,000원

생활호신술 및 성폭력의 유형과 예방
신현무 지음 | 신국판 | 228쪽 | 13,000원

글로벌 리더가 되는 최강 속독법
권혁천 지음 | 신국판변형 | 336쪽 | 15,000원

디지털 시대의 여가 및 레크리에이션
박세혁 지음 | 4×6배판양장 | 404쪽 | 30,000원

취미 · 실용

김진국과 같이 배우는 와인의 세계
김진국 지음 | 국배판 변형양장본(올 컬러판)
208쪽 | 30,000원

배스낚시 테크닉
이종건 지음 | 4×6배판 | 440쪽 | 20,000원

나도 디지털 전문가 될 수 있다
이승훈 지음 | 4×6배판 | 320쪽 | 19,200원

건강하고 아름다운 동양란 기르기
난마을 지음 | 4×6배판변형 | 184쪽 | 12,000원

애완견114
황양원 엮음 | 4×6배판변형 | 228쪽 | 13,000원

경제 · 경영

CEO가 될 수 있는 성공법칙 101가지
김승룡 편역 | 신국판 | 320쪽 | 9,500원

정보소프트
김승룡 지음 | 신국판 | 324쪽 | 6,000원

기획대사전
다카하시 겐코 지음 | 홍영의 옮김
신국판 | 552쪽 | 19,500원

맨손창업·맞춤창업 BEST 74
양혜숙 지음 | 신국판 | 416쪽 | 12,000원

무자본, 무점포 창업! FAX 한 대면 성공한다
다카시로 고시 지음 | 홍영의 옮김
신국판 | 226쪽 | 7,500원

성공하는 기업의 인간경영
중소기업 노무 연구회 편저 | 홍영의 옮김
신국판 | 368쪽 | 11,000원

21세기 IT가 세계를 지배한다
김광희 지음 | 신국판 | 380쪽 | 12,000원

경제기사로 부자아빠 만들기
김기태·신현태·박근수 공저 | 신국판
388쪽 | 12,000원

포스트 PC의 주역 정보가전과 무선인터넷
김광희 지음 | 신국판 | 356쪽 | 12,000원

성공하는 사람들의 마케팅 바이블
채수명 지음 | 신국판 | 328쪽 | 12,000원

느린 비즈니스로 돌아가라
사카모토 게이이치 지음 | 정성호 옮김
신국판 | 276쪽 | 9,000원

적은 돈으로 큰돈 벌 수 있는 부동산재테크
이원재 지음 | 신국판 | 340쪽 | 12,000원

바이오혁명
이주ององ 지음 | 신국판 | 328쪽 | 12,000원

성공하는 사람들의 자기혁신 경영기술
채수명 지음 | 신국판 | 344쪽 | 12,000원

CFO
교텐 토요오·타하라 오키시 지음
민병수 옮김 | 신국판 | 312쪽 | 12,000원

네트워크시대 네트워크마케팅
임동학 지음 | 신국판 | 376쪽 | 12,000원

성공리더의 7가지 조건
다이앤 트레이시·윌리엄 모건 지음
시상성 옮김 | 신국판 | 300쪽 | 13,000원

김종결의 성공창업
김종결 지음 | 신국판 | 340쪽 | 12,000원

최적의 타이밍에 내 집 마련하는 기술
이원재 지음 | 신국판 | 248쪽 | 10,500원

컨설팅 셰일즈 Consulting sales
임동학 지음 | 대국전판 | 336쪽 | 13,000원

연봉 10억 만들기
김농주 지음 | 국판 | 216쪽 | 10,000원

주5일제 근무에 따른 한국형 주말창업
최효진 지음 | 신국판 변형 양장본
216쪽 | 10,000원

돈 되는 땅 돈 안되는 땅
김용준 지음 | 신국판 | 320쪽 | 13,000원

돈 버는 회사로 만들 수 있는 109가지
다카하시 도시노리 지음 | 민병수 옮김
신국판 | 344쪽 | 13,000원

프로는 디테일에 강하다
김미현 지음 | 신국판 | 248쪽 | 9,000원

머니투데이 이 송복규 기자의
부동산으로 주머니돈 100배 만들기
송복규 지음 | 신국판 | 328쪽 | 13,000원

성공하는 슈퍼마켓&편의점 창업
나명환 지음 | 4×6배판 변형 | 500쪽 | 28,000원

대한민국 성공 재테크 부동산 펀드와 리츠로 승부하라
김영준 지음 | 신국판 | 256쪽 | 12,000원

마일리지 200% 활용하기
박성희 지음 | 국판 변형 | 200쪽 | 8,000원

1%의 가능성에 도전, 성공 신화를 이룬 여성 CEO
김미현 지음 | 신국판 | 248쪽 | 9,500원

3천만 원으로 부동산 재벌 되기
최수길·이숙·조연희 지음
신국판 | 290쪽 | 12,000원

10년을 앞설 수 있는 재테크
노동규 지음 | 신국판 | 260쪽 | 10,000원

세계 최강을 추구하는 도요타 방식
나카야마 키요시 지음 | 민병수 옮김
신국판 | 296쪽 | 12,000원

최고의 설득을 이끌어내는 프레젠테이션
조두환 지음 | 신국판 | 296쪽 | 11,000원

최고의 만족을 이끌어내는 창의적 협상
조강희·조원희 지음 | 신국판 | 248쪽 | 10,000원

New 세일즈기법 물건을 팔지 말고 가치를 팔아라
조기선 지음 | 신국판 | 264쪽 | 9,500원

작은 회사는 전략이 달라야 산다
황문진 지음 | 신국판 | 312쪽 | 11,000원

돈되는 슈퍼마켓&편의점 창업전략(입지 편)
나명환 지음 | 신국판 | 352쪽 | 13,000원

25·35 꼼꼼 여성 재테크
정원훈 지음 | 신국판 | 224쪽 | 11,000원

대한민국 2030 독특하게 창업하라
이상현·이호 지음 | 신국판 | 288쪽 | 12,000원

왕초보 주택 경매로 돈 벌기
천관성 지음 | 신국판 | 268쪽 | 12,000원

New 마케팅 기법 〈실천편〉 물건을 팔지 말고 가치를 팔아라 2
조기선 지음 | 신국판 | 240쪽 | 10,000원

퇴출 두려워 마라 홀로서기에 도전하라
신정수 지음 | 신국판 | 256쪽 | 11,500원

슈퍼마켓 & 편의점 창업 바이블
나명환 지음 | 신국판 | 280쪽 | 12,000원

위기의 한국 기업 재창조하라
신정수 지음 | 신국판 양장본 | 304쪽 | 15,000원

취업닥터
신정수 지음 | 신국판 | 272쪽 | 13,000원

합법적으로 확실하게 세금 줄이는 방법
최성호·김기준 지음 | 대국전판 | 372쪽 | 16,000원

선거수첩
김용한 엮음 | 4×6판 | 184쪽 | 9,000원

소상공인 마케팅 실전 노하우
(사)한국소상공인마케팅협회 지음 | 황문진 감수
4×6배판 변형 | 224쪽 | 22,000원

불황을 완벽하게 타개하는 법칙
오오카와 류우호오 지음 | 김지현 옮김
신국판변형 | 240쪽 | 11,000원

한국 이명박 대통령의 영적 메시지
오오카와 류우호오 지음 | 박재영 옮김
4×6판 | 140쪽 | 7,500원

세계 황제를 노리는 남자 시진핑의 본심에 다가서다
오오카와 류우호오 지음 | 안미현 옮김
4×6판 | 144쪽 | 7,500원

북한 종말의 시작 영적 진실의 충격
오오카와 류우호오 지음 | 박재영 옮김
4×6판 | 194쪽 | 8,000원

러시아의 신임 대통령 푸틴과 제국의 미래
오오카와 류우호오 지음 | 안미현 옮김

4×6판 | 150쪽 | 7,500원

취업 역량과 가치로 디자인하라
신정수 지음 | 신국판 | 348쪽 | 15,000원

북한과의 충돌을 예견한다
오오카와 류우호오 지음 | 4×6판 | 148쪽 | 8,000원

미래의 법
오오카와 류우호오 지음
신국판 | 204쪽 | 11,000원

김정은의 본심에 다가서다
오오카와 류우호오 지음
4×6판 | 200쪽 | 8,000원

하세가와 케이타로 수호령 메시지
오오카와 류우호오 지음
신국판 | 147쪽 | 7,500원

뭐든지 다 판다
정철원 지음 | 신국판 | 280쪽 | 15,000원

더+ 시너지
유길문 지음 | 신국판 | 228쪽 | 14,000원

영원한 생명의 세계
오오카와 류우호오 지음 | 신국판 변형
148쪽 | 12,000원

인내의 법
오오카와 류우호오 지음 | 신국판 변형
260쪽 | 15,000원

스트레스 프리 행복론
오오카와 류우호오 지음 | 신국판 변형
180쪽 | 12,000원

주식

개미군단 대박맞이 주식투자
홍성걸(한양증권 투자분석팀 팀장) 지음
신국판 | 310쪽 | 9,500원

알고 하자! 돈 되는 주식투자
이길위 외 2명 공저 | 신국판 | 388쪽 | 12,500원

항상 당하기만 하는 개미들의 매도·매수 타이밍 999% 적중 노하우
강경무 지음 | 신국판 | 336쪽 | 12,000원

부자 만들기 주식성공클리닉
이창희 지음 | 신국판 | 372쪽 | 11,500원

선물·옵션 이론과 실전매매
이창희 지음 | 신국판 | 372쪽 | 12,000원

너무나 쉬워 재미있는 주가차트
홍성무 지음 | 4×6배판 | 216쪽 | 15,000원

주식투자 직접 투자로 높은 수익을 올릴 수 있는 비결
김학균 지음 | 신국판 | 230쪽 | 11,000원

억대 연봉 증권맨이 말하는 슈퍼 개미의 수익나는 원리
임정규 지음 | 신국판 | 248쪽 | 12,500원

주식탈무드
윤순숙 지음 | 신국판 양장 | 240쪽 | 15,000원

역학

역리종합 만세력
정도명 편저 | 신국판 | 532쪽 | 10,500원

작명대전
정보국 지음 | 신국판 | 460쪽 | 12,000원

하락이수 해설
이천교 편저 | 신국판 | 620쪽 | 27,000원

현대인의 창조적 관상과 수상

백운산 지음 | 신국판 | 344쪽 | 9,000원
대운용신영부적
정재원 지음 | 신국판 양장본 | 750쪽 | 39,000원
사주비결활용법
이세진 지음 | 신국판 | 392쪽 | 12,000원
컴퓨터세대를 위한 新 성명학대전
박용찬 지음 | 신국판 | 388쪽 | 11,000원
길흉화복 꿈풀이 비법
백운산 지음 | 신국판 | 410쪽 | 12,000원
새천년 작명컨설팅
정재원 지음 | 신국판 | 492쪽 | 13,900원
백운산의 신세대 궁합
백운산 지음 | 신국판 | 304쪽 | 9,500원
동자삼 작명학
남시모 지음 | 신국판 | 496쪽 | 15,000원
소울음소리
이건우 지음 | 신국판 | 314쪽 | 10,000원
알기 쉬운 명리학 총론
고순택 지음 | 신국판 양장본 | 652쪽 | 35,000원
대운명
정재원 지음 | 신국판 | 708쪽 | 23,200원

법률일반

여성을 위한 성범죄 법률상식
조명원(변호사) 지음 | 신국판 | 248쪽 | 8,000원
아파트 난방비 75% 절감방법
고영근 지음 | 신국판 | 238쪽 | 8,000원
일반인이 꼭 알아야 할 절세전략 173선
최성호(공인회계사) 지음 | 신국판 | 392쪽 | 12,000원
변호사와 함께하는 부동산 경매
최환주(변호사) 지음 | 신국판 | 404쪽 | 13,000원
혼자서 쉽고 빠르게 할 수 있는 소액재판
김재용 · 김종철 공저 | 신국판 | 312쪽 | 9,500원
술 한 잔 사겠다는 말에서 찾아보는 채권 · 채무
변환철(변호사) 지음 | 신국판 | 408쪽 | 13,000원
알기쉬운 부동산 세무 길라잡이
이건우(세무서 재산계장) 지음 | 신국판 | 400쪽 | 13,000원
알기쉬운 어음, 수표 길라잡이
변환철(변호사) 지음 | 신국판 | 328쪽 | 11,000원
제조물책임법
강동근(변호사) · 윤종성(검사) 공저
신국판 | 368쪽 | 13,000원
알기 쉬운 주5일근무에 따른 임금 · 연봉제 실무
문강분(공인노무사) 지음 | 4×6배판 변형 | 544쪽 | 35,000원
변호사 없이 당당히 이길 수 있는 형사소송
김대환 지음 | 신국판 | 304쪽 | 13,000원
변호사 없이 당당히 이길 수 있는 민사소송
김대환 지음 | 신국판 | 412쪽 | 14,500원
혼자서 해결할 수 있는 교통사고 Q&A
조명원(변호사) 지음 | 신국판 | 336쪽 | 12,000원
알기 쉬운 개인회생 · 파산 신청법
최재구(법무사) 지음 | 신국판 | 352쪽 | 13,000원
부동산 조세론
정태식 · 김예기 지음 | 4×6배판 변형 | 408쪽 | 33,000원

생활법률

부동산 생활법률의 기본지식
대한법률연구회 지음 | 김원중(변호사) 감수
신국판 | 480쪽 | 12,000원
고소장 · 내용증명 생활법률의 기본지식
하태웅(변호사) 지음 | 신국판 | 440쪽 | 12,000원
노동 관련 생활법률의 기본지식
남동희(공인노무사) 지음
신국판 | 528쪽 | 14,000원
외국인 근로자 생활법률의 기본지식
남동희(공인노무사) 지음
신국판 | 400쪽 | 12,000원
계약작성 생활법률의 기본지식
이상도(변호사) 지음 | 신국판 | 560쪽 | 14,500원
지적재산 생활법률의 기본지식
이상도(변호사) · 조의제(변리사) 공저
신국판 | 496쪽 | 14,000원
부당노동행위와 부당해고 생활법률의 기본지식
박영수(공인노무사) 지음 | 신국판 | 432쪽 | 14,000원
주택 · 상가임대차 생활법률의 기본지식
김운용(변호사) 지음 | 신국판 | 480쪽 | 14,000원
하도급거래 생활법률의 기본지식
김진홍(변호사) 지음 | 신국판 | 440쪽 | 14,000원
이혼소송과 재산분할 생활법률의 기본지식
박동섭(변호사) 지음 | 신국판 | 460쪽 | 14,000원
부동산등기 생활법률의 기본지식
정상태(법무사) 지음 | 신국판 | 456쪽 | 14,000원
기업경영 생활법률의 기본지식
안동섭(단국대 교수) 지음 | 신국판 | 466쪽 | 14,000원
교통사고 생활법률의 기본지식
박정무(변호사) · 전병찬 공저 | 신국판 | 480쪽 | 14,000원
소송서식 생활법률의 기본지식
김대환 지음 | 신국판 | 480쪽 | 14,000원
호적 · 가사소송 생활법률의 기본지식
정주수(법무사) 지음 | 신국판 | 516쪽 | 14,000원
상속과 세금 생활법률의 기본지식
박동섭(변호사) 지음 | 신국판 | 480쪽 | 14,000원
담보 · 보증 생활법률의 기본지식
류창호(법학박사) 지음 | 신국판 | 436쪽 | 14,000원
소비자보호 생활법률의 기본지식
김성천(법학박사) 지음 | 신국판 | 504쪽 | 15,000원
판결 · 공정증서 생활법률의 기본지식
정상태(법무사) 지음 | 신국판 | 312쪽 | 13,000원
산업재해보상보험 생활법률의 기본지식
정유석(공인노무사) 지음 | 신국판 | 384쪽 | 14,000원

명상

명상으로 얻는 깨달음
달라이 라마 지음 | 지창영 옮김
국판 | 320쪽 | 9,000원

처세

성공적인 삶을 추구하는 여성들에게 우먼파워
조안 커너 · 모이라 레이너 공저 | 지창영 옮김
신국판 | 352쪽 | 8,800원
聽 이익이 되는 말 話 손해가 되는 말
우메시마 미요 지음 | 정성호 옮김
신국판 | 304쪽 | 9,000원
성공하는 사람들의 화술테크닉
민영욱 지음 | 신국판 | 320쪽 | 9,500원
부자들의 생활습관 가난한 사람들의 생활습관
다케우치 야스오 지음 | 홍영의 옮김
신국판 | 320쪽 | 9,800원
코끼리 귀를 당긴 원숭이-히딩크식 창의력을 배우자
강충인 지음 | 신국판 | 208쪽 | 8,500원
성공하려면 유머와 위트로 무장하라
민영욱 지음 | 신국판 | 292쪽 | 9,500원
등소평의 오뚜이전략
조창남 편저 | 신국판 | 304쪽 | 9,500원
노무현 화술과 화법을 통한 이미지 변화
이현정 지음 | 신국판 | 320쪽 | 10,000원
성공하는 사람들의 토론의 법칙
민영욱 지음 | 신국판 | 280쪽 | 9,500원
사람은 칭찬을 먹고산다
민영욱 지음 | 신국판 | 268쪽 | 9,500원
사과의 기술
김농주 지음 | 국판변형 양장본 | 200쪽 | 10,000원
취업 경쟁력을 높여라
김농주 지음 | 신국판 | 280쪽 | 12,000원
유비쿼터스시대의 블루오션 전략
최양진 지음 | 신국판 | 248쪽 | 10,000원
나만의 블루오션 전략 - 화술편
민영욱 지음 | 신국판 | 254쪽 | 10,000원
희망의 씨앗을 뿌리는 20대를 위하여
우광균 지음 | 신국판 | 172쪽 | 8,000원
끌리는 사람이 되기위한 이미지 컨설팅
홍순아 지음 | 대국전판 | 194쪽 | 10,000원
글로벌 리더의 소통을 위한 스피치
민영욱 지음 | 신국판 | 328쪽 | 10,000원
오바마처럼 꿈에 미쳐라
정영순 지음 | 신국판 | 208쪽 | 9,500원
여자 30대, 내 생애 최고의 인생을 만들어라
정영순 지음 | 신국판 | 256쪽 | 11,500원
인맥의 달인을 넘어 인맥의 神이 되라
서필환 · 봉은희 지음 | 신국판 | 304쪽 | 12,000원
아임 파인(I'm Fine!)
오오카와 류우호오 지음 | 4×6판 | 152쪽 | 8,000원
미셸 오바마처럼 사랑하고 성공하라
정영순 지음 | 신국판 | 224쪽 | 10,000원
용기의 신
오오카와 류우호오 지음 | 국판 | 208쪽 | 10,000원
긍정의 신
김태광 지음 | 신국판 변형 | 230쪽 | 9,500원
위대한 결단
이채윤 지음 | 신국판 | 316쪽 | 15,000원
한국을 일으킬 비전 리더십
안의정 지음 | 신국판 | 340쪽 | 14,000원
하우 어바웃 유?
오오카와 류우호오 지음 | 신국판 변형 | 140쪽 | 9,000원
셀프 리더십의 긍정적 힘
배은경 지음 | 신국판 | 178쪽 | 12,000원
실천하라 정주영처럼
이채윤 지음 | 신국판 | 300쪽 | 12,000원
진실에 대한 깨달음
오오카와 류우호오 지음 | 신국판 변형 | 170쪽 | 9,500원

통하는 화술
민영욱·조영관·손이수 지음 | 신국판 | 264쪽 | 12,000원

마흔, 마음샘에서 찾은 논어
이이영 지음 | 신국판 | 294쪽 | 12,000원

겨자씨만한 역사, 세상을 열다
이이영·손완주 지음 | 신국판 | 304쪽 | 12,000원

셀프 리더십 코칭
배은경 지음 | 신국판 | 180쪽 | 12,000원

홀리스틱 리더십
김길수 지음 | 신국판 | 240쪽 | 13,000원

어학

2진법 영어
이상도지음 | 4×6배판 변형 | 328쪽 | 13,000원

한 방으로 끝내는 영어
고제윤 지음 | 신국판 | 316쪽 | 9,800원

한 방으로 끝내는 영단어
김승업 지음 | 김수경·카렌다 감수 | 4×6배판 변형 | 236쪽 | 9,800원

해도해도 안 되던 영어회화 하루에 30분씩 90일이면 끝낸다
Carrot Korea 편집부 지음 | 4×6배판 변형 | 260쪽 | 11,000원

바로 활용할 수 있는 기초생활영어
김수경 지음 | 신국판 | 240쪽 | 10,000원

바로 활용할 수 있는 비즈니스영어
김수경 지음 | 신국판 | 252쪽 | 10,000원

생존영어55
홍일록 지음 | 신국판 | 224쪽 | 8,500원

필수 여행영어회화
한현숙 지음 | 4×6판 변형 | 328쪽 | 7,000원

필수 여행일어회화
윤영자지음 | 4×6판 변형 | 264쪽 | 6,500원

필수 여행중국어회화
이은진 지음 | 4×6배판 변형 | 256쪽 | 7,000원

영어로 배우는 중국어
김승업 시름 | 신국판 | 216쪽 | 9,000원

필수 여행스페인어회화
유여창 지음 | 4×6판 변형 | 288쪽 | 7,000원

바로 활용할 수 있는 홈스테이 영어
김형주 지음 | 신국판 | 184쪽 | 9,000원

필수 여행러시아어회화
이은수 지음 | 4×6판 변형 | 248쪽 | 7,500원

바로 활용할 수 있는 홈스테이 영어
김형주 지음 | 신국판 | 184쪽 | 9,000원

필수 여행러시아어회화
이은수 지음 | 4×6판 변형 | 248쪽 | 7,500원

영어 먹는 고양이 1
권혁천 지음 | 4×6배판 변형 | 164쪽 | 9,500원

영어 먹는 고양이 2
권혁천 지음 | 4×6배판 변형 | 152쪽 | 9,500원

여행

우리 땅 우리 문화가 살아 숨쉬는 옛터
이형권 지음 | 대국전판(올컬러) | 208쪽 | 9,500원

아름다운 산사
이형권지음 | 대국전판(올컬러) | 208쪽 | 9,500원

맛과 멋이 있는 낭만의 카페
박성찬 지음 | 대국전판(올컬러) | 168쪽 | 9,900원

한국의 숨어 있는 아름다운 풍경
이명숙지음 | 대국전판(올컬러) | 208쪽 | 9,900원

사람이 있고 자연이 있는 아름다운 명산
박기성지음 | 대국전판(올컬러) | 176쪽 | 12,000원

마음의 고향을 찾아가는 여행 포구
김인자 지음 | 대국전판(올컬러) | 224쪽 | 14,000원

생명이 살아 숨쉬는 한국의 아름다운 강
민병준지음 | 대국전판(올컬러) | 168쪽 | 14,000원

틈나는 대로 세계여행
김재완 지음 | 4×6배판 변형(올컬러) | 368쪽 | 20,000원

풍경 속을 걷는 즐거운 명상 산책
김인자지음 | 대국전판(올컬러) | 224쪽 | 14,000원

3,3,7 세계여행
김완수지음 | 4×6배판 변형(올컬러) | 280쪽 | 12,900원

법정 스님의 발자취가 남겨진 아름다운 산사
박성찬·최애정·이성준 지음 | 신국판 변형(올컬러) | 176쪽 | 12,000원

자유인 김완수의 세계 자연경관 후보지 21곳 탐방과 세계 7대 자연경관 견문록
김완수지음 | 4×6배판(올컬러) | 368쪽 | 27,000원

레포츠

수열이의 브라질 축구 탐방 삼바 축구, 그들은 강하다
이수열 지음 | 신국판 | 280쪽 | 8,500원

마라톤, 그 아름다운 도전을 향하여
빌 로저스·프리실라 웰치·조 헨더슨 공저 | 오인환 감수 | 지창영 옮김 | 4×6배판 | 320쪽 | 15,000원

인라인스케이팅 100%즐기기
임미숙지음 | 4×6배판 변형 | 172쪽 | 11,000원

스키 100% 즐기기
김동환지음 | 4×6배판 변형 | 184쪽 | 12,000원

태권도 총론
하용의 지음 | 4×6배판 | 288쪽 | 15,000원

수영 100% 즐기기
김종만 지음 | 4×6배판 변형 | 248쪽 | 13,000원

건강을 위한 웰빙 걷기
이강옥 지음 | 대국전판 | 280쪽 | 10,000원

쉽고 즐겁게! 신나게! 배우는 재즈댄스
최재선 지음 | 4×6배판 변형 | 200쪽 | 12,000원

해양스포츠 카이트보딩
김남용 편저 | 신국판(올컬러) | 152쪽 | 18,000원

골프

퍼팅 메커닉
이근택지음 | 4×6배판 변형 | 192쪽 | 18,000원

아마골프 가이드
정영호지음 | 4×6배판 변형 | 216쪽 | 12,000원

골프 100타 깨기
김준모지음 | 4×6배판 변형 | 136쪽 | 10,000원

골프 90타 깨기
김광섭 지음 | 4×6배판 변형 | 148쪽 | 11,000원

KLPGA 최여진 프로의 센스 골프
최여진 지음 | 4×6배판 변형(올컬러) | 192쪽 | 13,900원

KTPGA 김준모 프로의 파워 골프
김준모 지음 | 4×6배판 변형(올컬러) | 192쪽 | 13,900원

골프 80타 깨기
오태훈지음 | 4×6배판 변형 | 132쪽 | 10,000원

신나는 골프 세상
유응열 지음 | 4×6배판 변형(올컬러) | 232쪽 | 16,000원

이신 프로의 더 퍼펙트
이신 지음 | 국배판 변형 | 336쪽 | 28,000원

주니어출신 박영진 프로의 주니어골프
박영진 지음 | 4×6배판 변형(올컬러) | 164쪽 | 11,000원

골프손자병법
유응열 지음 | 4×6배판 변형(올컬러) | 212쪽 | 16,000원

박영진 프로의 주말 골퍼 100타 깨기
박영진 지음 | 4×6배판 변형(올컬러) | 160쪽 | 12,000원

10타 줄여주는 클럽 피팅
현세용·서주석 공저 | 4×6배판 변형 | 184쪽 | 15,000원

단기간에 싱글이 될 수 있는 원포인트 레슨
권용진·김준모 지음 | 4×6배판 변형(올컬러) | 152쪽 | 12,500원

이신 프로의 더 퍼펙트 쇼트 게임
이신 지음 | 국배판 변형(올컬러) | 248쪽 | 20,000원

인체에 가장 잘 맞는 스킨 골프
박길석 지음 | 국배판 변형 양장본(올컬러) | 312쪽 | 43,000원

여성·실용

결혼준비, 이제 놀이가 된다
김창규·김수경·김정철 지음 | 4×6배판 변형(올컬러) | 230쪽 | 13,000원

아동

꿈도둑의 비밀
이소영 지음 | 신국판 | 136쪽 | 7,500원

바리온의 빛나는 돌
이소영 지음 | 신국판 | 144쪽 | 8,000원

나는야 뽀빼이 공무원

2017년 1월 5일 제1판 1쇄 발행
2017년 4월 5일 제1판 2쇄 발행

지은이 / 강평석
펴낸이 / 강선희
펴낸곳 / 가림출판사

등록 / 1992. 10. 6. 제 4-191호
주소 / 서울시 광진구 능동로 334 (중곡동) 경남빌딩 5층
대표전화 / 02)458-6451 팩스 / 02)458-6450
홈페이지 / www.galim.co.kr
전자우편 / galim@galim.co.kr

값 15,000원

ⓒ 강평석, 2016

저자와의 협의하에 인지를 생략합니다.

불법복사는 지적재산을 훔치는 범죄행위입니다.
저작권법 제97조의5(권리의 침해죄)에 따라 위반자는 5년 이하의 징역
또는 5천만원 이하의 벌금에 처하거나 이를 병과할 수 있습니다.

ISBN 978-89-7895-397-9 13320

이 도서의 국립중앙도서관 출판시도서목록(CIP)은 서지정보유통지원시스템 홈페이지(http://seoji.nl.go.kr)와 국가자료공동목록시스템(http://www.nl.go.kr/kolisnet)에서 이용하실 수 있습니다. (CIP제어번호 CIP 201627486)